光明社科文库
GUANGMING DAILY PRESS:
A SOCIAL SCIENCE SERIES

·历史与文化书系·

移民文化与移民认同

刘志山 | 主　编
孔祥渊 | 副主编

光明日报出版社

图书在版编目（CIP）数据

移民文化与移民认同 / 刘志山主编；孔祥渊副主编．

北京：光明日报出版社，2025.1. -- ISBN 978 - 7 - 5194 -

8394 - 4

Ⅰ. D523. 8

中国国家版本馆 CIP 数据核字第 2025GM4940 号

移民文化与移民认同

YIMIN WENHUA YU YIMIN RENTONG

主　　编：刘志山	副 主 编：孔祥渊
责任编辑：李　晶	责任校对：郭玫君　乔宇佳
封面设计：中联华文	责任印制：曹　净

出版发行：光明日报出版社

地　　址：北京市西城区永安路 106 号，100050

电　　话：010-63169890（咨询），010-63131930（邮购）

传　　真：010-63131930

网　　址：http://book.gmw.cn

E - mail：gmrbcbs@ gmw.cn

法律顾问：北京市兰台律师事务所龚柳方律师

印　　刷：三河市华东印刷有限公司

装　　订：三河市华东印刷有限公司

本书如有破损、缺页、装订错误，请与本社联系调换，电话：010-63131930

开　　本：170mm×240mm

字　　数：175 千字　　　　　　印　　张：14.5

版　　次：2025 年 1 月第 1 版　　印　　次：2025 年 1 月第 1 次印刷

书　　号：ISBN 978 - 7 - 5194 - 8394 - 4

定　　价：89.00 元

序　言

人口迁移是社会发展中的一个常见现象。随着移民的产生，移民文化、移民认同也成为人们关注的议题。关于移民、移民文化、移民认同等话题，研究者基于不同的立场、移民的现实情况，从不同的视角、维度进行了研究，研究成果并不鲜见。可以说，移民、移民文化、移民认同已经成为一个研究者非常关注的领域，并具有丰富且多样的研究成果。但需要注意的是，这些研究需要进一步系统化、本土化。基于这样的考虑，本书立足于本土化，在十五位志同道合的同行学者共同努力下，形成了这一系统性研究成果。其特色和独到之处主要体现在如下两方面。

第一，从移民文化出发，细致系统地分析了移民认同。一般而言，移民认同主要是指向移入地的，描绘的是移民如何认同移入地的文化、社会习俗等内容。这种取向无形中忽视了移民文化的独特性和能动性。对移民而言，他们的认同并非单向地指向移入地。在迁移的过程中，移民群体逐渐形成了属于他们的一套文化体系。这套文化体系不仅为移民所共享，还参与着移入地文化、社会等多个方面的建设。因此，为更为全面、客观、理性地探讨移民的认同问题，我们必须从移民文化出发，充分考虑移民文化对移入地的影响。本书即从此点出发进行研究的。与此同时，本书将移民的认同问题具体分为移民的文化认同、移民的社会与心理认同、移民的价值与身份认同，从这些相互独立又相互联系的各个层面细致分析了移民认同的相关议题，构建了一套较为完整的移民文化与移民认同的分析框架。这是系统性的重要体现。

第二，立足于我国移民的实际情况，对移民文化和移民认同进行了理论与实践相结合的分析。在不同的时代、不同的区域，移民文化及移民认同具有一定的独特性。立足于这种独特性，关于移民文化与移民认同的讨论才会更具生命力与活力。考虑到近几十年来我国移民的主要现象之一是大量人口进入城市，尤其是东部沿海城市，本书对北京、上海、广州、深圳的移民进行了调查研究，并主要结合这四个城市中移民的实际情况对移民文化与移民认同进行了探究。在充分关注、立足于我国移民群体的同时，本书还仔细考察了我国传统文化对移民及移民文化的影响，并从移民文化的传统因子这一角度对其进行了细致分析。可以说，本书结合我国移民的现实情况及传统文化，借助多学科的理论，对移民文化与移民认同进行了理论与实践深度结合的分析。这是本土化的具体体现。

与此同时，本书在对移民文化与移民认同进行系统性、本土化分析的基础上，对于如何利用移民文化促进城市发展，如何不断提升移民的文化认同、社会与心理认同、价值与身份认同进行多学科、多视角的分析，为促进移民文化的发展、移民文化的使用以及移民的多方面认同，提供了可供参考的建议。

当然，在中国式现代化的建设过程中，无论是移民文化与移民认同的理论研究，还是实践分析，都一直在路上。希望本书的出版，能够抛砖引玉，继续推进移民文化与移民认同研究。

编者

2023 年 9 月

目　录
CONTENTS

第一章

移民文化与城市发展

作为一种特殊的文化类型，移民文化随着移民的产生而产生，并伴随着移民类型、群体等方面的变化而不断发展。移民文化的产生与发展，在特定维度上参与并促进了社会诸多层面的变化与发展。其中，城市发展就受到移民文化的深刻影响。在这种情况下，移民文化与城市发展的关系、移民文化对城市发展的意义与价值等问题，引起了人们的关注，并成为研究者关注的重要议题。一般认为，移民文化与移民具有密切的关系。在移民产生、流动的过程中，移民文化是如何产生的，具有哪些样态，对于城市发展具有何种影响，这是首先需要回答的问题。

第一节　移民文化与当代中国城市发展

为了生存和发展，人类不断迁移，于是出现了移民。移民的足迹遍布地球上每一个适合人类生存和生活的地方。世界各大洲的开发和建设，都离不开移民的付出。移民是城市化的中坚力量，移民的流动推动了城市的快速发展。改革开放极大地促进了中国移民的迁移和流动，出现了空前的移民潮。无论迁入还是迁出，无论国际流动还是国内流动，必须流动才能有活力。流水不腐，户枢不蠹。流动打破封闭与保守，带来开放与包容。移民思想观念在流动中不断碰撞与融合产生的新文化便是移民文化。移民文化因流动而生，无往而不利，具有与生俱来的开放性和包容性。它以开放的胸怀继承和发展了中西文化的优点，成为新时代中国文化大剧院里的一个精彩剧目；它以其创新的活力与魅力对人们的思想、观念和行为产生强大影响，成为当代中国城市化迅猛发展的精神动力。在城市化发展过程中，移民文化中的传统因子——儒家传统文化发挥着重要作用，成为移民城市发展的文化根基。这里主要以移民城市——深圳为例进行探讨。

一、移民与移民文化

迁移到新的地方并居住了较长时间的人口，被称为移民。根据迁移的动因，我们可以对移民的种类进行划分：第一，主动移民和被动移民。主动移民是指出于自觉自愿，自主选择迁出原来的居住地，迁到新的地方的移民。他们是在没有外部力量强制的情况下，经过理性思考后采取的行动，完全是一种自主的生活选择。被动移民是指受外部的环境与力量所迫，不得不背井离乡迁到新的地方的移民。他们的迁移行为是被动的、非自主的、盲目性的。历史上出现过的、以政府的命令强制推行的、被迫迁移的人口都属于被动移民。第二，生存移民和发展移民。生存移民是指迫于生存的需要，不得不迁出原来的居住地、迁入新的地方的移民。他们之所以迁移是因为原来的居住地出现了自然灾害、战争动乱等情况，无法再居住和生活下去，虽然前途未卜，但不得已而为之。发展移民是指出于改善生活条件和工作环境的考虑，迁出原来的居住地、迁入新的地方的移民。他们迁移的动机和目的是寻找更优的生活环境和更好的发展机会。第三，国内移民与国际移民。发生在国家内部各地区之间的人口迁移就是国内移民，如中国的省际移民和美国的州际移民等。发生在国家与国家之间的人口迁移则是国际移民，如中国下南洋的移民等。第四，城市化移民和农业移民。在城市化过程中由农村迁往城市的人口就是城市化移民。这是所有发达国家历史上都经历过的移民类型，也是许多发展中国家正在大规模出现的移民类型。因应国家和地区开发与建设的需要，向农业地区迁移的人口则是农业移民。农业移民主要包括援疆移民和水利移民等形式，比如，因开发边疆和修建大型水利设施的需要而迁移的人口。① 我国改革开放后的移民以主动的、发展性的城市化移民为主。

以移民为主体的城市即移民城市，具体而言，移民占城市人口的比例远远超过原住居民，在城市发展中起着决定性和关键性作用。它的主要特征包括两方面：其一，客强主弱。这里所指的"客"是外来人口，"主"是原住居民。客强主弱不仅体现在人数上，即外来人口远远超过原住居民，占城市总人口的一半以上；而且体现在文化上，即外来人口所带来的文化在城市中占据优势，而原住居民的本土文化则在城市中处于劣势，甚至被外来文化同化。所有移民城市都不例外。如著名的移民城市国家——新加坡，2017 年人口总数为 560 多万人，其中外来的华人占 76.9%，马来人、印尼人等原住居民所占比例只有 23.1%。在中

---

① 张然. 移民文化与市场伦理［J］. 深圳大学学报，2001，1.

国，作为移民城市的香港、澳门、深圳、珠海均具有客强主弱的特征。其二，人口高度流动。由于移民的主观需要和社会环境的变化，移民城市的人口处于高度流动状态。一方面，移民城市的发展优势和开放环境吸引了大量移民争先恐后来"淘金"，从而使人口迅速增加。譬如，深圳市的前身宝安县（现为宝安区），城区人口只有 3 万多，整个宝安县也不到 30 万人。但深圳经济特区建立后，以其独特的地缘优势、崭新的制度环境、开放的文化氛围，在短短的 40 多年间吸引了来自四面八方的大批移民，迅速发展成为人口上千万的超大城市。另一方面，如果移民城市出现社会动荡、经济萧条、治安恶化等严重问题，将极大地影响移民的迁入热情，动摇移民尤其是被动型移民的居留信心。比如，太平天国曾一度攻占上海，革故鼎新，实行天朝田亩制，气象更新，吸引了来自江南各地的上百万人口，但太平天国运动失败后，社会状况急转直下，有一大半移民又纷纷离开上海返回故土或迁移到其他地方。

　　移民迁入城市，创造出新型的移民文化，它是指移民的精神活动及其产品，是一种观念形态的文化，如政治、道德、艺术、宗教、法律、哲学、教育等观念。从层次上，这种观念形态的移民文化可以分为：第一个层次是移民的社会心理，即移民的情感、觉悟、意志、趣味、习惯、风尚、取向等要素，以及以价值观为核心的观念因素。其中，价值观是移民社会心理的核心内容，决定着情感、觉悟、意志、习惯、取向等其他要素。第二个层次是移民的社会意识，即在移民的社会心理的基础上，使各种思想观念条理化、理论化，形成系统的宗教哲学思想、政治法律理论、伦理道德学说等思想体系。[1] 当代中国新型的移民文化随

---

[1]　刘志山. 移民文化及其伦理价值［M］. 北京：商务印书馆，2010：8.

着新兴的移民城市而产生，在城市化的过程中不断成长成熟，同时又对城市的快速发展起着重要作用。

二、移民文化：当代中国城市化发展的精神动力

移民文化源于移民改造自然、改造社会、创建现代化的移民城市的实践活动，富有鲜明的开放性、包容性、创新性等特质。它不仅内化为移民城市特有的文化品性，而且极大地促进了当代中国城市化的发展，并提供源源不断的强大精神动力。

（一）移民文化的开放性为城市的国际化发展提供精神动力

移民城市的人口高度流动，而移民作为文化的携带者和传播者，必然带来文化的流动。移民们来自不同国家或地区，携带着各自的民族文化和区域文化，这些源于不同民族和环境、色彩多样的民族文化和区域文化，在移民城市这个"文化大熔炉"中互相碰撞、交流，从而铸就了移民城市开放的文化品性。在新兴的移民城市，人们频繁地与外界进行全方位、全天候的交往活动，没有排外的心理和主人的心态；并且人们很少关注出身背景，更为注重个人的本领和潜力。比如，在新兴的移民城市深圳，反映不注重背景的观念"英雄不问出处"，以及反映没有排外心理的口号"来了就是深圳人"，正是这种开放心态的真实写照。移民文化的开放性铸就了移民城市的活力与向心力，并散发出国际范的恒久魅力与吸引力。

文化的活力与生命力在于流动，在于人与社会、人与人和人的身心的对话与互动。移民文化的这种流动性，通过对话与互动强化了移民的开放意识。这种开放意识不仅包括向社会的开放，而且包括向心灵的开放。向社会的开放是指积极投身社会，与他人平等交流、公平竞争、互助合作，实现个人与他人、个人与社会共同发展，其实质是求善。向心灵的开放是指敞开心扉，以开放的心态感受优秀精神文化的熏陶，净化心灵，促进身心和谐、健康与平衡，提高人生修养和精神境界，其实质是求美。而且这种文化的流动还表明，每种文化都不是一成不变的，在以其独特的色彩走向世界的同时，不断调整和变化着自己的样貌与气质，生成和丰富着世界文化的多样性。携带不同文化的移民们，在日常交流、对话互动中，互相吸收对方先进的思想观念，模仿对方国际化的行为方式，避免自己的思想观念与行为方式被局限于某一特定的文化和固定的模式。

在深圳这座迅速崛起的移民城市，移民文化的开放性更为明显。由于与香港紧密相连的地缘关系，深圳成为中国对外开放的最前沿，同时又是中西文化碰撞与交流的窗口。深圳在对外开放过程中，充分利用地缘优势，吸收西方先进理念与传播中国优秀文化齐头并进；以国际化的城市发展为目标，主动引进和借鉴世界各地先进的思想观念，经过扬弃、接受与消化，建构了一种开放多元的新文化——移民文化。这种新文化不仅有利于移民城市国际化的发展，而且有助于深圳与境外的文化交流；不仅吸取了境外的先进思想文化，而且继承了中华优秀传统文化；不仅满足了深圳不同层次移民的文化需求，而且为深圳走向国际化奠定了良好的思想文化基础。在移民城市深圳，尽管方言多种多样，但普通话还是普及最广的第一语言。正是这种开放性扩大了移民的交往范围，开阔了移民的国际眼界，不断地融入国际化浪潮，汲取最新理念、高端科技和现代文化，内化为移民城市的本质力量，不断成就和完善自己，并在国际性的交往与交流、外交与外贸中，输出自己的产品、技术和文化，在走向国际化的过程中提升城市的竞争力和国际形象。

（二）移民文化的包容性为城市的和谐发展提供精神动力

包容源于面向世界的开放格局，源于移民文化多元化的构成元素。移民文化的包容性造就了移民在处理与他人、与社会关系时所采取的宽容和善、兼收并蓄的"和为贵"的心态，体现了不同文化之间的悦纳与融合的关系，而不是非此即彼，更不是有你没我。这种文化之间的融合是一个化学反应的过程，最后生成的是互相交融，我中有你，你中有我。移民是文化的携带者和传播者，是流动的文化载体。在现实生活中他们时刻都能感受到不同文化的差异，并且需要不断地面对新移民带来的文化冲击和挑战。因此，承认不同文化之间的差异，促进移民之间的相互理解和文化之间的交流与融合，逐渐成为移民们共同的文化选择。这充分显示出移民文化包容与和谐的特质。

比如，濒临大海、毗邻港澳的深圳，各个连通境外的口岸，往来人员络绎不绝，各种交通工具车水马龙、川流不息，一派繁荣景象。得天独厚的地理条件和改革开放的良好政策，是深圳移民文化包容性产生和形成的客观基础。深圳作为境外与境内的衔接点、跨国贸易的集散地、中西文化的交汇点，感受着不同文化冲击碰撞、交流融合的起伏跌宕。中国传统的儒家文化和现代西方的思想文化，在这里同时登场、正面交锋，两者的交流与融合、共存与共荣，形成了中西合璧、优势互补的移民文化，呈现出和睦相处、和谐与共的生动景象。

移民文化以博大的胸怀包容万物，蕴含了丰富的人文气息，是建造适合居住和利于创业的人文环境的沃土。上千万的深圳移民，来自中国

30多个省市和世界许多国家，来自华夏大地50多个民族和世界多个种族。在著名的旅游景区华侨城，既有展现世界各国景观的世界之窗，也有荟萃中国各地名胜的锦绣中华，还有展示多姿多彩民族文化的民俗文化村。不同国家、地域、民族的语言、饮食、风俗在深圳呈现、交融，让纷至沓来的移民深切地感受到这座城市适合居住的亲切、适合创业的和谐，增添了创新创业、与深圳共同成长的信心与动力。

（三）移民文化的创新性为城市的持续发展提供精神动力

创新是移民赖以生存与发展的特质，被动型移民和主动型移民都不例外。被动型移民迫于生存需要，离乡背井，为了应对新环境的严峻挑战，必须敢于冒险尝试、勇于开拓创新，才能安身立命。主动型移民虽然自愿离开熟悉的家乡，但来到陌生的环境后，必须根据迁入地的现实情况，更新原有的思想观念，吸收和接受迁入地的新事物、新思想和新观念，始终不畏艰难，不断开拓创新，才能获得更多的发展机会和更大的发展空间。

20世纪70年代末，在南海边的小渔村深圳，无论是自然环境还是社会环境都给移民们造成巨大的压力。一方面，深圳位于热带沿海地区，天气炎热，移民们饱受台风等恶劣自然环境的侵扰和打击，艰难地生存和艰辛地开拓，随时可能把人累垮，甚至一病不起；另一方面，"姓资姓社"的政治压力和制度创新的巨大风险，随时可能遭受违法违纪的指控。"四分钱的奖励惊动中央"的故事就是最典型的案例。故事发生在中国最早改革开放的深圳蛇口。1979年7月，蛇口工业区基础设施建设正式启动，但工程进展相当缓慢，主要原因是工人积极性不高，消极怠工。境外投资方非常着急，要求加快工程进度。于是，当时工业区的负责人袁庚指示工程处实行定额超产奖励制度，即每个泥头车司机每天完成运送 40 车土石方的定额任务之后，超额部分每车奖励 4 分钱。因此工人们干劲大增，积极性被充分调动了起来，使得预定的工程任务整整提前一个月完成。由此计划体制下的固定工资制被打破，多劳多得、按劳分配的浮动工资制成效显著，得到推广。尽管当时这类事件受到一些媒体乃至部分左派高层人士的责难，移民们还是以大无畏的精神，突破传统观念和体制束缚，义无反顾、毅然决然地进行了一系列体制改革。比如，率先进行计划管理体制改革，减少生产方面的指令计划和分配方面的实物指标；率先进行物价管理体制改革，放开部分商品的价格，由市场调节；率先进行人事制度改革，打破"铁饭碗"，实行聘用合同制；率先实行国有土地使用权的拍卖和有偿转让制度，增加地方政府的财政收入；率先发行股票和有价证券，为企业发展和市政建设筹集资金。

进入新世纪之后，深圳面临"特区不特之后路在何方"的艰难抉择。现代化的移民以冷静的头脑、敏锐的思维，创造性地进行经济结构和经济增长模式的改革，突破经济发展的瓶颈。深圳早期的经济结构比较单一，主要是承接港澳台和国外转移的产业，并且以劳动密集型的加工工业为主体，以出口优先的外向型经济为重点，取得了骄人的业绩。但随着"特区不特"和人口突破千万之后，1996 平方千米土地的有限性异常突出，加上人力成本的大幅增加，深圳的发展遭遇到前所未有的困难。面对这些不利因素和新的挑战，深圳移民继续发扬创新精神，转变经济增长模式，由劳动密集型产业转向以高新科技为主的技术密集型产业；实现产业结构的转型升级，重点扶持高新技术研发，大力发展第三产业，降低第一、二产业的比例。这一漂亮的转身使深圳再度焕发出新的活力，2014 年以来连续 5 年在全国大中城市竞争力排名中名列第一（包括港澳台），2017 年 GDP 总量达到 2.24 万亿元，人均 GDP 达到 18.31 万元，约 2.71 万美元①，已经超过世界平均的 1.05 万美元，达到世界中等发达国家和地区的水平。正是这种开拓创新的移民文化促使深圳实现了由计划经济向市场经济的转变，由劳动密集型产业向技术密集型产业的提升，由深圳速度向深圳质量的跃进，为深圳持续发展提供了强大的精神动力。

三、移民文化的传统因子：中国移民城市发展的文化根基

当代中国移民文化根源于儒家传统文化。马克斯·韦伯曾经在他的《儒教与道教》一书中指出，儒家伦理将阻碍东方国家现代化的实现。韦伯的理论是深刻的，却也是片面的。就儒家传统文化已过时的因素而言，它可能不利于社会现代化的进程；但是，就儒家传统文化的本质而言，它不仅不会成为现代化的障碍因素，而且还包含着需要进一步探索的丰富文化资源。只要我们按照时代要求发扬本质，抛弃糟粕，就会发现儒家传统文化对当代中国城市发展的巨大价值。儒家传统文化的巨大价值可归纳为两方面：内在价值和外在价值。儒家传统文化的内在价值，是指它在培养现代人的思想和品格方面的作用，在满足人们的内在需要和心灵追求方面所体现出来的价值；儒家传统文化的外在价值，是指它在协调人与自然、人与社会和人的身心关系、维护社会和谐稳定方

---

① 深圳市统计局. 深圳市 2017 年国民经济和社会发展统计公报 [EB/OL]. 深圳市统计局网站，2018-04-17.

面的作用。内在价值与外在价值的统一，就是古人所说的"内圣外王"。在这里，"内圣"主要指通过主体自身修养的自律，实现仁慈和圣洁的道德境界。"外王"主要是指通过道德协调和规范社会关系，从而达到政治稳定、人际和谐的目的。可见，内圣与外王，儒家传统文化的内在追求与外在功能经过数千年的积淀，成为当代中国移民文化的传统因子，对移民个体思想道德境界的提升和移民城市健康和谐发展具有重要意义和巨大价值。①

（一）儒家传统文化的内在价值

第一，理想人格的追求。儒家传统文化注重精神境界和理想人格的追求。孔子认为，追求崇高的理想人格是人们在基本满足物质需求之后的高层次的生活需要。他甚至认为，在物质生活条件极其艰难的情况下，人只要有崇高的追求，仍然可以快乐生活、有所作为。孟子在孔子论述的基础上，阐述了"大丈夫"的人格理想。《孟子》说道："富贵不能淫，贫贱不能移，威武不能屈。"换句话说，一个人处在富裕而温柔的环境时，不会失去方向；处在贫困而艰苦的环境时，不会改变人格；身受暴力和威胁时，不会显示懦弱。正是这种人格追求激励移民保持不屈不挠，并在人生修养的道路上不断提升自己。

第二，仁爱品德的养成。在《论语》中，孔子阐释了仁爱，他指出："仁者，爱人。"这里的"爱人"是指爱别人，不是爱自己。道德的判断标准是什么呢？他认为是能否"爱人"。"爱人"主要体现于"己所不欲，勿施于人"（《论语》）；"己欲立而立人，己欲达而达人"（《论语》）；"吾不欲人加诸我也，吾亦欲无加诸人"（《论语》）。如

---

① 刘志山. 移民社区的思想道德教育［M］. 福州：福建教育出版社，2005：41.

果我们能够模范地遵循上述道德标准，恪守"爱人"准则，世界将充满爱。由此，仁爱品德在儒家文化中的重要性可见一斑。而当代移民离开原居住地的熟人社区来到陌生的城市环境，最需要的就是互相关爱的仁爱精神。

第三，自强不息的精神。自强不息要求超越自我和不断进取。孔子倡导并努力践行顽强奋斗的精神，鄙视无所事事的生活态度。《礼记》提道："人一能之，已百之；人十能之，已千之。"如果你能做到这一点，愚笨也能变聪明，柔弱也能变刚强。自我完善的精神强调不断创新，《礼记》指出："苟日新，日日新，又日新。"强调天天有进步，日日有创新。《易传》提道："天行健，君子以自强不息。"君子就应该遵循这种精神，不懈努力，积极上进，改革创新。这种自强不息的精神在移民中产生了极大的向心力，并由此增强了移民们在迁入地建功立业的信心、勇气和毅力，坚定了移民们不断学习、开拓创新的决心。

（二）儒家传统文化的外在价值

第一，天下为公的价值取向。在儒家传统文化的影响下，中华民族形成了一种整体精神，形成了以国家为上、以天下为公的美德。儒家传统文化强调个人与群体、个人与社会的统一。整体至上是中国传统整体精神的实质，但同时兼顾整体利益和个人利益。《礼记》指出："大道之行也，天下为公。"正是这种天下为公的价值理想培养了移民们对社会和民族的责任感与义务感、历史感与使命感。移民们从农村来到城市，成为城市建设的生力军，为城市发展贡献自己的智慧和力量，在为城市创造价值的同时实现着自己的价值。

第二，以德治国的指导思想。儒家传统文化提倡以德治国。儒家以德治国的基本精神就是内圣外王。对此，子曰："道之以政，齐之以刑，民免而无耻。道之以德，齐之以礼，有耻且格。"（《论语》）这里的"政"即行政命令，"德"即道德教化。孔子认为，仅仅依靠行政命令和刑事处罚来治理国家和约束人民是不够的，还必须通过道德教化来规范和引导人民，让人民为犯罪感到羞耻，自愿服从国家利益。移民们迁入陌生的城市社区，不仅要坚守"法无授权不可为"的法治底线，同时还要坚守"法无禁止即可为"之外的德治底线，借助道德的慎独自律作用，改善移民城市的社会风尚，提升文明程度。

第三，普遍和谐的社会理想。《论语》倡导社会和谐，提出"礼之用，和为贵"，强调人与自然、人与社会、人与人之间相互依存、协调发展、和谐共处。在家庭中做到"父慈子孝，兄爱弟敬"，实现家庭和谐；在与周围人的关系中，我们必须"尊老爱幼"，与邻居、朋友、同事和谐相处，实现人我和谐；在与群体的关系中，促进个人与群体、小群体和大群体之间的和谐共荣，实现群体的和谐；在国际关系中，我们倡导四海一家、互利共赢、和谐天下，主张和平外交，反对战争杀戮，实现国际和谐。最终达到普遍和谐的状态，使社会成为理想社会，使世界成为完美的世界。移民们离开熟悉的故乡，来到陌生的城市，不仅为了寻求更好的发展空间，更希望找到理想的生活空间和精神世界。而孔子所描绘的与道和、与人和、与天地和的和谐世界正是移民们梦寐以求、为之奋斗的人生目标和社会理想。

可见，作为移民文化的传统因子，儒家传统文化不仅没有成为当代中国城市发展的障碍，而且它所讲求的人之所以为人之道，提倡的价值理想和人格修养，强调的道德诚信和道德责任，尊崇的人道原则和治国理念，宣扬的人生意义和社会和谐，极大地丰富了移民个体的精神世界，促进了移民城市的和谐发展，奠定了当代中国城市发展的文化根基。

第二节　移民文化与城市发展的理论与现实审视

在现实生活中，移民文化从多个方面影响着城市的发展。为更清晰地分析移民文化所产生的影响，我们需要对移民文化与城市发展的一些核心议题进行辨析与审视。

一、移民现代化与城市发展

移民是当代中国城市现代化的新生力量，也是移民文化的创造者和建构者。中国当代城市的现代化与移民文化建构主体的现代化密不可分，移民是城市现代化发展的关键要素。

（一）现代化的移民：移民城市现代化道路的探索者

现代化的移民不会墨守成规，善于用新的理念从新的角度审视社会现实。他们是旧传统的批评者、新趋势的领导者和新秩序的创造者。他们的创新思想和行为方式与传统价值观和行为准则相对立，打破了人们原有的心理平衡，引起了人们心理的波动，激活了人们的思想。但是，由于大多数人不理解他们，甚至认为他们可能危及自己的既得利益，因此他们的改革和创新往往受到不公正的批评。但是这些新思想、新理念和新行为就像春雷震撼着人们冬眠的心灵，像春雨滋润着人们干旱的心田。它激励着人们反省和思考，引导人们模仿他们的行为方式，并以他们为学习榜样。因此，现代化的移民是新思想、新理念和新行为的倡导者、先行者和引导者。

在我国改革开放初期，人们对现代化移民及其行为存在两种矛盾的社会心态：一方面非议他们，指责他们；另一方面又羡慕他们，模仿、效法他们，把他们看作"能人""功臣"。非议、指责与效法、模仿共生，诽谤、歧视与首肯、赞扬接踵。比如，在深圳蛇口码头建设中实行的奖励制度，"时间就是金钱，效率就是生命"口号的提出，土地使用权的拍卖和股票的发行等。现代化的移民在改革实践中的成功和受欢迎程度，在一定意义上并不是因为他们的显赫业绩，而是因为他们的言行活动引起了社会心理的强烈震动和社会舆论的惊涛骇浪，促使人们的思想观念在碰撞中交流，在交流中嬗变。在改革开放、急剧变革的新时代，人们的思想观念和行为方式日新月异。曾经是先行者、拓荒者的一些现代化移民，由于缺乏不断加强自身修养的自觉性，可能昙花一现。但是，一些人落伍了，另一些人又会奔上前来。这是移民城市之所以能不断推陈出新的潜力所在。移民城市的现代化总是需要而且必然有现代化的移民充当开路先锋。当现代化的主体品质深入移民城市大多数移民的内心时，它将转化为一种巨大的内在动力，推动移民城市现代化的全面实现。

（二）现代化的移民：移民城市现代化变革的推动者

随着改革的不断深入，必然会触动原有的社会结构和体制，改变原来的社会关系和利益主体。当代中国的全面深化改革突破了传统的社会主义模式，重新调整了人们之间的利益关系，重新组建了社会结构及其运行机制，引起社会关系的巨大变化，在一定程度上损害了一部分人的既得利益。特别是在改革初期，在新旧体制并存与转换时期，不可避免地出现了一些社会弊端和社会问题。如暴富之后"啃老族"的教育问题，收入不平衡造成的贫富悬殊问题，"黄、赌、毒"引起社会犯罪现象增多的问题等，已经受到人们普遍关注。面对这种状况，现代化的移民总是在现实的艰难中展望光明的未来，在阵痛中看到新生，在代价中寻找收获。他们不留恋旧的和谐、平静和秩序，勇于承担改革的风险、代价和痛苦。他们以冷静的头脑和现代化的战略眼光分析改革中的利弊得失，只要对城市的发展利多弊少、得多失少，他们就赞同和支持，怀着极大的热情和创新的精神研究新情况、解决新问题，以百折不挠的意志推动改革沿着现代化的方向前进。如果说非现代的价值观念和人格品质构成城市现代化的阻碍和惰性力量，那么正是现代化的个人的文化心理、价值观念和政治态度及其向全社会的传播与发展，形成了移民城市改革能够顺利进行并得以成功的社会心理基础和必要的保障因素。

（三）现代化的移民：移民城市现代化主体的塑造者

现代化可否引进？英克尔斯（Alex Inkeles）认为，我们可以引进现代化的科学技术，移植发达国家卓有成效的管理方法和现代制度。但能否实现现代化呢？在今天的许多发展中国家，这种引进和移植做法并不罕见。尝试这种现代移植方法的国家充满希望和信心，并认为只要把引进的先进科学技术种植在肥沃的土地上，它肯定会结出硕果，并成为现代化国家之一。但是，它们最终收获的是失败和沮丧。使最初构想的完美蓝图被扭曲的同时，也使国家的发展陷入难以自拔的陷阱。如果这个国家的人民还不具备应用这些管理方法和现代制度的心理基础，没有完成从思想观念和行为方式向现代化的转变，那就必然导致失败和畸形发展的悲惨结局。英克尔斯对现代化的这一看法非常深刻、精辟、独到。在现代化进程中，我们可以引进先进国家的科学技术、管理模式和机器设备，但不能依靠引进和移植城市现代化的主体。移民城市现代化的主体只能依靠城市的培育和塑造。先进国家的科学技术、生产模式和管理经验，必须对其进行消化吸收才能为我所用。移植不仅用于学习和仿造，更重要的是用于参考和创新。是否可以在引进中消化、在移植中创新主要取决于移民本身的素质。只有现代化的移民才能立足现实，面向未来，以国际视角捕捉各方面的最新信息，敢于大胆地介绍新思想和新事物。并在此基础上紧跟世界现代化的发展趋势，积极有效地开展创新创业活动。引进和移植是为了提高移民的主体素质，提高移民的素质是为了自主创新，取长补短，最终赶超世界先进水平。

移民一旦普遍实现了全面的现代化，移民城市也就实现了全面的现代化。人是社会中的人，社会是人的社会，人与社会总是处于相互制约、相互印证的关系之中。移民的主体素质是移民文化向人本身的内化，移民文化是移民的主体素质向社会的外化。现代化的生产力标志着移民改造自然的主体能力的现代化；现代化的科学技术标志着移民认识水平、思维能力、实践手段的现代化；现代化的经济关系标志着人的需要及其满足方式的现代化；现代化的政治制度标志着人高度的民主意识、参与意识和现代化的政治态度；现代化的道德观念、行为规范标志着人精神文明境界的现代化；现代化的社会风尚标志着人的人格的现代化。总之，移民城市的现代化体现着移民的现代化，是移民的思想和行为活动的现代化。所以，要全面推进移民城市的现代化向更高阶段现代化迈进，就必须不断培养和造就现代化的移民。

移民城市的现代化必须而且只能依靠移民来实现。移民是实现移民城市现代化的主体，创造着现代化的移民城市；同时，移民又是移民城市锻造和塑造的客体，移民的现代化有赖于移民城市的现代化，现代化的移民城市创造着现代化的移民。在移民与移民城市的这种关系中，人是唯一能动的因素。移民城市创造现代化的移民是通过移民创造现代化的移民城市而实现的，移民正是在实现移民城市现代化的实践中不断提高自己的现代化素质。移民创造着现代化的移民城市，也塑造着现代化的自我，所以移民城市创造现代化的移民，归根到底是移民对自我现代化的能动创造，是自我创造自身的现代化。

二、移民文化的开放性与城市发展

移民是世界历史上自古就有的现象，但是规模空前的移民浪潮则出现在近代工业革命之后。正是一代一代的移民极其艰苦的劳作和渴求成功的梦想，创造了许多国家和城市新的文化形态。20世纪80年代改革开放后，移民在中国成为日益频繁和普遍的现象。移民的聚集使移民城市和移民文化得以产生。当某一城市移民数量远远超过原住居民数量，形成"客强主弱"的局面时，移民城市得以出现。移民文化也因此成为其主流文化，对移民城市的发展产生至关重要的影响。

（一）移民文化开放性的表现

现代移民创造出丰富多彩的文化。移民文化是移民在迁移过程中所创造的物质文化和精神文化的总和。我们这里侧重讲移民精神文化，即移民身上所特有的思想观念和精神特质，是移民在迁移和再迁移过程中使迁出地文化与迁入地文化相融合的结晶，是移民生生不息、走向全国、走向世界、安身立命、成就事业的精神支柱。

开放性是移民的重要特质。一方面体现于移民在现实世界的开放性。城市化与全球化打破了移民活动在地域上的界限，使移民的足迹遍布世界各地成为可能，换言之，移民活动在物理空间上是开放的。另一方面体现于移民在虚拟世界的开放性。在网络化、信息化浪潮的推动下，移民活动不再局限于现实世界，也延伸至网络这个虚拟世界。这个虚拟世界使移民彻底摆脱了物理世界的限制，在虚拟的空间中自由地进行交流与沟通。正是现实世界与虚拟世界的开放，为世界各地的移民更加广泛便捷的交流与互动提供了可能，从而使移民活动的开放性更为凸显。具体而言，移民文化的开放性主要体现在如下几方面。

流动性。移民文化的流动性源于移民的流动性。移民文化的主体是移民。在世界移民史上，中国虽然不是全球性移民流入最多的国家，但是全球性移民流出最多的国家，同时改革开放后又成为全球国内移民流动最频繁的国家。无论流入还是流出，无论外部流动还是内部流动，只有流动才能有活力。流水不腐，户枢不蠹。流动才能带来开放和创新。移民思想观念在流动中经过同化、顺应和裂变产生的新文化就是移民文化，移民文化是当代中国最具活力的新文化。

平等性。移民城市因具有人口高度流动性特征，来自不同国家或地区的移民带来了各自的地域文化，这些色彩多样的地域文化在移民城市中互相交流、融合，从而使移民城市形成了一种开放的文化心态。在移民城市，人们与外界进行频繁的交往活动，很少具有排外、封闭的心理；同时，人们忽视出身背景，注重个人的实力和创造潜能的发挥。在新兴移民城市深圳，"英雄不问出处""来了就是深圳人"，正是这一平等特征的真实写照。平等性使移民文化的生长拥有了自由的空间，从而保持着恒久的活力。

包容性。移民文化的包容性在深圳尤为明显。深圳濒临大海，毗邻港澳。深圳海关和口岸进出人员和车辆之多，在全国是少有的。与境外频繁的交往和人员流动，是深圳移民文化具有包容性的客观基础。深圳作为中西文化的交汇点，跨国公司的汇集地，感受着中西文化碰撞、交融的跌宕起伏。一方面，中国传统的儒家文化和忠孝观念影响着每一个家庭；另一方面，西方现代的企业文化和道德观念渗透每一个职员。这样，中国传统的以自然人为主体的思想文化与现代西方以法人为主体的思想文化在这里发生正面交锋，两者的融合，凸显深圳移民文化的包容性。同时，深圳作为移民城市，其居民来自全国各地，民族传统、风俗习惯和道德观念不尽相同，各种观念互相撞击，融为一体，形成了类似于美国和新加坡的"熔炉式"的移民文化，包容性特征更加清晰可见。

（二）移民文化开放性的影响

开放意味着平等的交往和自由的流动。开放的动力来自人与自然、人与人、人与社会的交流和互动的需要。在移民城市，带着各自文化基因的移民自由流动，在相互碰撞、交流和影响中形成一种融合而非排斥的文化环境。移民们在创造这种环境的同时，也对自身的思想观念、行为有着积极的影响，主要表现在以下几方面。

流动性增强了移民城市的生命力。移民们都有一个共同的出发点，就是对迁出地的不满足，对新的迁入地充满希望和梦想。对发展型移民而言，从表面上看，他们是在寻找迁入地的精彩世界，但是移民实际上是在寻找自己，看看自己有怎样的潜能和智慧。一方面，每个移民都很现实，要为生活打拼、安身立命；另一方面，在骨子里，移民总是在为梦想不断努力、奋斗。也正是高度流动性的工作和生活，使得每个移民都有着强烈的竞争意识，只有在自己的工作岗位上，不畏艰难、勇于开拓，做出属于自己的成绩，提高自己的不可替代性，才能继续留下来，实现自己的梦想。正是这种竞争意识使移民不敢停滞、不敢懈怠，始终以饱满的精神、坚强的意志，不断战胜挑战，超越自我，否则就可能会被不断涌入的新生力量淘汰。移民城市的发展正是一批又一批移民奋力拼搏的结果。可见，移民文化的流动性赋予了移民竞争意识，增强了移民城市的生命力。

平等性提升了移民城市的吸引力。当今世界的全球化使人才、资金、技术、物资、产品和文化出现全球性流动，其中人才的流动与文化的流动刚好呈现相反的方向，即人才由落后地区、发展中地区向发达地区流动，文化伴随着资金和技术由发达地区向落后地区、发展中地区流动。

由落后地区、发展中地区向发达地区流动的现当代移民，其动机和目的是获得更多的发展机会、更大的发展空间、更好的发展前景和生活待遇，属于发展型移民。但地区和城市的发展是动态的，三十年河东，三十年河西，不同城市可能各领风骚三十年；移民的生活境遇具有不确定性，创业机会具有偶然性。因此，在面对流动性和不确定性时，移民们形成了自由、平等观念，希望自由流动、平等竞争。

改革开放后，我国有些内地城市大力吸引人才，并出台了一系列优惠政策，但收效甚微。主要原因就是这些城市在吸引人才的过程中限制人才的自由流动，要求引进的人才签订服务协议、限定服务期限；同时这些城市往往是以本地人为主，对引进的人才（移民）具有一定的排外倾向，严重影响了外来移民的平等竞争，从而削弱了城市的竞争力。

相比之下，以深圳为典型的中国沿海移民城市，"客强主弱"，以外地移民为主，"来了就是深圳人"，合适则留下来，不合适则收拾行囊再出发。这些移民城市人才流动高度自由，人才竞争高度平等，正是这种平等性极大地提升了移民城市的吸引力。

包容性加强了移民城市的凝聚力。深圳既是中国改革开放的最前沿，又是中西文化的汇集地和交流的窗口。作为一个国际化的城市，深圳吸引了来自全国各地乃至世界各地的移民。不同地区、不同国家以及不同民族的人们带来了各自独特的文化。这种文化的碰撞和融合，既吸收西方文化的积极成分，又传播中国文化的优良传统，为深圳注入了活力和创造力。通过接纳和融合各类移民文化，促进文化交流和创新，以及致力于社会公平和福利，深圳成了一个充满活力、多元化和共融的城市。深圳移民文化以世界性的现代文化为追求目标，变被动渗透为主动引进世界各地先进的思想文化，经过吸收、消化与扬弃，建构了一种开放、包容的新文化——移民文化。正是这种包容性，使深圳移民扩大了交往、开阔了眼界，敢于"请进来"和"走出去"，从而拓展了深圳城市发展的空间。这种包容性不仅推动了城市的发展，还使得每个人都能在这里找到归属感和幸福感。可见，移民文化的包容性给予了移民城市宽松和谐的生活环境和自由平等的创业氛围，从而极大地增强了移民城市的凝聚力。

三、城乡社会的移民文化与城市发展

新时代乡村振兴战略的提出，标志着我国城乡社会进入新的阶段。相较以城市为中心的传统城乡关系，新型城乡关系以城乡融合、城乡平等发展为目标。城乡融合又称城乡经济社会发展一体化，是党的十七大提出的城乡发展的新探索与新路径。

随着中西部地区的发展以及《国家新型城镇化规划（2014—2020年）》的公布与实施，我国人口迁移流动的方向不再单一指向东部沿海城市。段成荣等学者对我国人口流动转变的分析显示，流动人口先在东部集中后逐步往中西部分散，流动原因趋于多元化，社会型、发展型和宜居型流动增加，即我国人口的迁移流动已呈现多元化的态势。而《乡村振兴战略规划（2018—2022年）》的颁布，也让小城镇与新型农村社区的城镇化发展再次得到大力推动。在新时代城乡发展路线的带动下，城市、小城镇和乡村三者的联系变得日益紧密。

目前，移民依然是城乡共同发展的主要动力源。伴随人口的迁移，移民文化也不断渗透城乡社会，且不断发生融合与蜕变。葛剑雄教授指出，在科学技术如此发达的今天，仍没有一种文化传播可以超越人本身。① 移民文化的流动，恰好也体现了人的关键性作用。历史上移民的文化传播是双向的，移民会把自身的文化带到发达地区，也会把发达地区的一些文化带回乡村社会。田欢博士指出，"当今移民社会文化流动的显著特点是文化与经济的冲突与融合，并主要表现为经济对文化的强

---

① 葛剑雄. 移民与文化传播——以绍兴为例 [J]. 绍兴文理学院学报（哲学社会科学），2010, 30 (4): 1-7.

影响关系"①。如今，这样的关系已逐渐扩大至整个城乡社会。

(一) 城市社会的移民文化

改革开放后，我国人口迁移主要从落后地区流向发达地区，如从中西部到东部，从内陆省、自治区到沿海城市和工业地区，主要目的为务工、经商和学习。刘志山教授指出，我国改革开放后的移民以主动的、发展性的城市化移民为主，移民是中国当代城市现代化的能动要素，而移民文化则是中国城市化发展的精神动力。

当然，快速城镇化背后也存在一些问题，例如，一些乡村地区由于青壮年劳动力的大量流失而出现人口过疏化。同时，一些位于都市里的村落，在经过"村改居"和旧村改造后，也正处于"消失"的边缘。不同的是，这些城中村将成为城市社会的一部分，其文化要素有可能得到保护和延续。

一直以来，城中村为城市务工人员提供了价格较低的住所，是城市建设过程中的重要组成部分。对移民城市来说，城中村的意义重大。众所周知，深圳在乡村社会的基础上发展起来，它是继北京后第二个聚集了56个民族的年轻城市。可以说，城中村既是深圳发展的缩影，也是移民文化的重要载体，蕴含着文化的多样性。

在城中村里，除了具有全国各地特色的餐馆之外，还能看到其他外来移民文化的延续。笔者在深圳发现，有庙的城中村均能吸引来自潮汕地区的城市移民。他们把拜神的习惯带到深圳，并让城中村的庙宇得以保持正常运作。有些城中村的庙，甚至还是这些外来移民自己建造的。

---

① 田欢. 当代移民社会的文化流动——以深圳为主线的考察 [J]. 学术研究，2017
(11)：74-78.

目前，深圳虽然还没有形成统一的身份认同，但随着旧村改造和城市更新的推进，寄存于城中村的移民文化将面临一次重新构建。

中国社会科学院政治研究所的陈明认为，"城市与乡村将失去二元对立的社会基础。随着城中村、城郊村和经济发达村转型为城市，未来这里可能仍旧存在横向的发展不均和贫富分化，但那已经是城市内部的对立问题，而不再是城乡对立"①。也就是说，渗透在城市旧村落的移民文化将可能持续推动城市社会的发展。

（二）乡镇社会的移民文化

回顾20世纪80年代的国内移民史可知，乡镇企业曾经吸收了大量的农业劳动力。20世纪90年代初期以前，乡镇企业一直是农民"农转非"的主要途径。

日本学者藤井勝把中国的乡镇看作东亚"地方世界（Local World）"的一种类型。据其分析，乡村（自然村、行政村）与城镇中心的关系属于基层社会里的城乡关系。城镇里设有各种机关部门，与乡村社会保持着紧密的联系。同时，乡村也依赖于城镇里的各种商业、服务业单位，这里面存在着社会经济关系。城镇化的推进，促使周边乡镇与周边县市的联系变得更加密切，也改变着乡村与县市的关系。"地方世界"体现的是以乡镇和县市为基础单位所构成的一种城乡关系。

在小城镇、城乡接合部等"地方世界"的中心地区，移民文化的流动性较强，例如，在著名的侨乡——潮汕地区，自古以来便是典型的人口输出地，也是一个具有浓郁地方特色的地区。潮汕人的足迹遍布世

---

① 陈明. 新中国70年的农民形态演进与乡村治理变革——兼论中国乡村现代化的未来图景［J］. 理论月刊，2019（9）：5-14.

界各地，改革开放后大多移居到广州、深圳等国内大城市。他们倾向于从事商业活动，是推动城市社会发展的重要力量之一。不仅如此，潮汕的部分地区还是人口输入地，如轻工业较发达的城乡接合部吸引了许多外来务工人员。但是，很多外来务工人员由于工作生活上与当地人的交流较少，且文化习俗上的差异较大，难以萌生归属感。也正因如此，该地区本地人和外地人的界限显得比较鲜明。

与早期的乡镇工业化不同，乡村振兴战略实行后，乡村旅游作为一种新型的产业形式，陆续得到各地政府的支持和推动。一些学者认为乡村旅游对乡村文化具有积极的作用，如肯定了乡村旅游是推动传统村落复兴、重构乡村文化以及保护乡村文化景观的有效途径。乡村旅游的成功将吸引部分城市移民回到故乡就业，同时也能进一步促进城乡文化的交流，对乡村社会移民文化的发展带来积极的效应。

（三）易地扶贫搬迁中的文化再构建

除了以上具有主动性的移民之外，我国也存在部分被动的人口迁移现象，如易地扶贫搬迁。20 世纪 80 年代以来，在经历初步探索、试点推进以及全面展开的脱贫工作后，一些深度贫困地区的脱贫难题也通过易地扶贫搬迁得到有效解决。脱贫攻坚是我国在 2020 年全面建成小康社会的关键。

不过，周恩宇的研究显示，易地扶贫搬迁在实施上过于重视其背后的经济效果，较少从社会文化的视角加以审视。[1] 易地搬迁被理解为一种致富的方式，但因地理空间的改变，迫使原来的村集体被重组，其文

---

① 周恩宇，卯丹.易地扶贫搬迁的实践及其后果——项社会文化转型视角的分析 [J]. 中国农业大学学报（社会科学版），2017，34（2）：69-77.

化也作为一种外来文化融入迁入地文化之中。在这样的情况下，被扶贫的农民在搬迁过程中较少有主动性，这使得迁出地的传统文化的保护和传承面临前所未有的挑战。当然不可否认的是，易地搬迁也是让传承人接触新时代信息、寻求保护传统文化的一种机遇。

人类学专家方静文也指出，"易地扶贫搬迁不是简单的地理移动，而是文化遭遇的过程，凸显出移民的文化适应问题"①。事实上，易地扶贫搬迁后的文化再构建可以看作一种移民文化的形成。在搬迁过程中，文化既可以是阻力，也可以是助力，只有实现文化适应，才能真正达到易地扶贫搬迁的最终目的。

(四) 城乡社会的现代化

现代化是我国人民一直以来的追求。从移民的现代化来看，刘志山教授认为它是移民城市现代化的关键，具体来说就是移民思想和行为的现代化。② 换言之，移民文化的现代化也将随之得到实现。

随着城乡两大地域现代化进程的加快，城乡之间的文化碰撞与整合愈发明显。经济学家刘守英指出，乡村仍是中国现代化的主战场，实行乡村振兴战略是对过去不够重视村庄的弥补，它最终体现在农业农村发展与乡村现代化。③ 实现乡村振兴的根本在于走城乡融合发展的道路，而推动城乡融合的关键在于实现城乡要素的自由流动。各国发展的经验表明，乡村人口向城市转移是乡村现代化的一个前提。我国城镇人口比

---

① 方静文. 时空穿行——易地扶贫搬迁中的文化适应 [J]. 贵州民族研究，2019, 40 (10)：52-57.
② 刘志山. 当代中国移民城市快速发展的文化动因研究 [J]. 文化软实力研究，2019, 4 (2)：63-68.
③ 刘默. 乡村仍是中国现代化主战场——访中国人民大学经济学院刘守英教授 [J]. 中国经济报告，2017 (12)：48-52.

率（城镇化率）的上升已为此打下了基础。但与此同时，快速城镇化也导致许多传统村落因人口流失而衰落乃至消失。事实说明，人口过多或过少都不利于乡村现代化的推进。

在人口持续保持大规模迁移流动的时代，移民文化将不断促进各地文化的交流与融合。城乡文化的可持续发展关系到中国文化的传承。因此，如何平衡移民文化和经济发展，是今后需要持续重视的问题。

四、移民文化与建筑色彩

建筑色彩在历史长河中积淀而成，承载着地域特色、审美价值、社会生活、历史文化、思维范式等，并成为社会集体意识的精神寄托。它不仅蕴含着自然地理环境的基本底色，也包含着人类文明进化历程中的人为环境色彩，其核心因素是文化。此外，建筑色彩既是文化系统的子系统，也是建构城市文化的重要载体，更是延续传统历史文脉的必要因素之一。与此同时，建筑色彩具有历时性，它既植根于过去时态中的历史基底，也延伸至现在时态的城市空间中。它是城市过去时态与现在时态的缩影，凝聚着民族的集体认同感与文化内涵，是历史文化生动鲜明的体现。因此，不同时期、不同地域、不同的城市文化形态影响了建筑色彩的演变与发展，塑造着风格迥异的城市色彩风貌。本书以新兴移民城市——深圳为研究对象，梳理、解读移民文化与建筑色彩的相互映射。

（一）传统移民文化对建筑色彩的影响

不同地域空间凝聚了人类不同种族群体的智慧、精神寄托与情感归宿，由此创造了具有本土特色的地域文化，经过世世代代的传承，形成了多元而统一的地域文化格局，即以黄河文化、长江文化、草原文化为主要源头的华夏文明。而地域的差异也形成了风格迥异的地域文化观念，如岭南文化、中原文化、吴越文化、楚文化、巴蜀文化、燕赵文化、齐鲁文化、东北文化等，从而影响了人们对于色彩的价值观念、审美偏好、用色标准、色彩象征寓意等。例如，以湖北为主要发源地的楚文化，由于当地人民对凤文化的崇尚而偏好红色；而长白山一带由于常年冰雪覆盖的地理环境，使朝鲜族人民崇尚白色；川西南地区由于高山峡谷的地理环境，形成了黛山黑水的自然景观，使当地纳西族崇尚神秘的黑色。由此可见，地域文化与色彩观念相互契合反映在人们生活中的各个领域，包括建筑、艺术、服饰、家居装饰等。

（二）深圳移民文化在建筑色彩中的映射

深圳位于广东省南部，东临大亚湾和大鹏湾，西濒珠江口和伶仃洋，北接东莞、惠州，与香港隔水相望，自然环境与岭南地区基本相同，土壤主要为赤红壤、中高明度的驼色花岗岩风化土层，四季温润，利于植物生长，因此，植被色彩没有强烈的季相变化，常年呈绿色、黄绿色调，具有一定的稳定性。随着粤港澳大湾区建设的提出，深圳国际经济战略地位的重要性与日俱增，虽然深圳是一座年轻的新兴城市，但是迁徙、移民文化由来已久。由于不同地域、民族的融合形成各具特色的移民文化，并逐步在建筑色彩形态上刻下了深深的烙印，因此，移民文化在深圳建筑色彩演变发展中扮演着重要的角色。夏商周时期，古深圳地区以"南越部族"为主；秦朝时期，在战争因素的激发下，中原文化开始融入。两汉、南越国至五代十国南汉的一千多年间，汉族大量涌入，中原文化在南粤地区开始扎根，典型建筑包括寺庙、宗祠，建筑色彩呈现中原文化，佛教文化中的红色、黄色与朴实的广府建筑色彩相互融合。例如，典型广府建筑——曾氏大宗祠、大鹏东山寺、当代寺庙建筑弘法寺等，而信国公文氏祠、东莞会馆、文昌阁等为传统的砖灰色。南宋末年，随着中原移民的不断融入，逐渐形成广府文化，代表建筑包括大鹏所城的麻条石墙群、绮云书室的砖灰色辅以丰富的砖雕、石雕等琉璃色彩。清朝初期，从赣、闽、粤交界山区来的客家人大规模迁徙、移民，建筑类型主要为围屋、排屋，目前保存较好，如鹤湖新居、大万世居、龙田世居等，建筑材质为土坯、青砖，色彩以质朴的砖灰色、白色、土黄色为主，檐口等细节点缀灰塑、彩画等，整体色调既和谐统一，又富有韵律。清末民初，在西学东渐的影响下，西洋文化开始影响深圳地区的建筑色彩，从而出现了大量中西合璧式的建筑色彩，如观澜古墟的"公益酒家"——观澜红楼，一派欧式的砖红色调在传统砖灰色调中尤为突出，南头古城的意大利天主教育婴堂建筑色彩呈现高明度暖黄色等。古建筑学研究专家张一兵经过三十多年实地调查，将深圳传统建筑的文化来源归纳为本地传统文化、广府传统文化、客家传统文化、闽南潮汕传统文化、西洋文化，并逐渐形成稳定的色彩积淀。在改革开放时期，深圳迎来了人类城市发展史上规模空前的移民潮，融入了更多现代建筑色彩风格。例如，海派文化的代表建筑上海宾馆，外立面为米黄色大理石以及新兴技术制成的有色玻璃；具有京派建筑风格的罗湖口岸联检大楼，运用大红色柱列、重檐、黄色琉璃瓦体现中国传统建筑韵律，至今对深港两地均具有重要的意义。而拥有大量广府、客家传统建筑的南头古城，由于外来移民的不断加建、改建，随意运用现代建筑色彩，如居住建筑色彩为高明度的黄红色、黄色、红紫色，工业建筑色彩为明度、纯度较高的蓝绿色、绿色，使传统建筑色彩受到较大的破坏，最终形成缺乏色彩秩序、肌理紊乱、系统失衡的建筑色彩风貌，难以突出传统建筑色彩的文化底蕴与特色。此外随着经济快速发展，深圳也吸引了众多国外移民，例如，蛇口是深圳最大的外国人聚居区，海上世界广场区域内建筑色彩风格呈现异域风情，建筑色彩呈多样化分布，包括白色、砖红色、明黄色、橘粉色、紫色、绿色等，明度、饱和度均较高，色调为明艳、休闲怡人的暖色调，与滨海城市整体格调相契合。由此可见，移民潮带来了各具特色的地域文化色彩，而传统与现代、全球化与地域化如何在城市建筑色彩中对话也是目前城市发展亟待解决的问题之一。综上所述，深圳城市建筑色彩中映射着丰富的移民文化，包括广府文化、客家文化、闽南潮汕文化、中原文化、海派文化、西洋文化，形成南北混杂、中西合璧的多种文化交融、杂糅、共生的色彩风貌。

正如著名城市色彩专家郭红雨教授所说，不同的民族文化背景以及精神文化内涵，塑造了各有千秋的色彩文化和色彩审美意识，并由此映射出具有地域性的色彩形象与表现方法。① 全球化的袭来不可避免地对我国传统建筑色彩风貌造成了严重的冲击，并使其逐步走向趋同化，而地域文化的觉醒使城市色彩再次回归传统本土色彩。因此，正确运用移民文化因素能够促使建筑色彩多样化发展，激发活力，形成自身特色，反之，则导致建筑色彩缺乏主色调，混乱无序，难以形成城市色彩特色。

（三）西涌滨海传统村落色彩文化中建筑色彩的特征

首先，传统村落色彩具有极强的空间识别、塑造作用，并能传达形

---

① 郭红雨.民族文化的色彩映射——以中日古典园林色彩运用偏好为例 ［C］//中国流行色协会.2016中国色彩学术年会论文集.广州：广州大学建筑规划学院，2016：128-141.

体、形态要素所不能表达的情感,是形成人们对自身生活环境归属感和场所精神的源泉,也是影响人们认知传统村落文脉的基本视觉刺激因素;其次,传统村落色彩本身是一种色彩的表现体,人们生活在村落里,就是生活在某种色彩关系之中,在历史积淀过程中,承载着地域记忆、审美价值、社会历史、人文逻辑与民族集体认同感。和谐、有序、易于识别的传统村落色彩风貌,反映人居环境的地域文化、民族文化内涵与本质,隐喻着原住居民的文化自信。其中建筑色彩作为村落整体风貌中面积最大、最直观的显性要素,是研究中不可忽视的重要因素。因此,以深圳西涌滨海传统村落建筑色彩为研究对象,解读其在不同移民文化影响下的特征,具有重要意义。

深圳地区自秦以后纳入中央政权管理体系;宋元以来,中原汉人两次大规模的南迁对该地区的社会、文化等带来深远的影响;至明清时期,南迁汉人不断与当地土著相互融合,衍生为区别于中原汉民、当地土著的群体——客家民系。深圳大鹏半岛内的西涌滨海村落地处边陲,交通闭塞,因迁海复界等政治因素迁入大量移民,其枕山面海的自然环境满足客家文化传统中人与自然和谐的选址要求,传统建筑大多就地取材,采用土、沙、石灰、木材等,形成滨海客家特色村落风貌。由于西涌特殊的地理位置,19世纪中叶掀起的海外移民浪潮让很大一部分的沿海村民迁往海外谋生,然而,"落叶归根"的传统思想,促使世界各地华侨在海外打拼后回到故土,并带来了海外的建筑思想与建筑文化。

传统村落色彩不仅蕴含着自然地理环境的底色,也包含着人类文明进化历程中的人文环境色彩基因,其核心为文化基因。多元化民族融合创造了丰富多样的民族文化,包括汉文化、客家文化、蒙古族文化、苗族文化等，以及由民族崇拜产生的傩文化、龙文化、妈祖文化和由民俗文化产生的祭祀文化、婚嫁文化等，顽强地生长于历史长河中。每个民族都有其偏爱的色彩，例如，彝族尚黑、白族尚白、汉族尚青，为三个民族相互认同的族群标志。这种标志不是朝夕之间形成的，而是在长期的历史发展过程中，由各种文化观念堆积、重合、沉淀后形成的。传统村落建筑色彩主要受自然、社会环境影响，因此，不同地域、不同民族的民俗文化潜移默化地影响着建筑色彩审美观念与用色逻辑范式，从而推动整体传统村落色彩不断积淀、发展。

西涌滨海传统村落建筑色彩承载着中原文化、客家文化、海洋文化、西方文化等，呈现"开放""兼容"的文化个性。其中，中原文化以儒家思想为主，森严的等级制度以及礼制伦理严格地限定了建筑色彩用色、择色规范甚至审美范式。

礼制文化形态决定传统建筑色彩的形态，形成了传统色彩审美方法论。随着社会不断发展，儒家思想已成为传统的世界观、价值观并深入人心，由等级制度强制形成的色彩伦理、色彩审美、色彩逻辑建构，经过世世代代的传承，已经形成固有的社会集体意识，这是一种根深蒂固的文明意识形态，使人们不自觉地选择、认同具有传统礼制文化痕迹、哲学思想的色彩。而具有扩张性、外向性的海洋文化也进一步推动了西涌滨海传统村落移民文化的发展以及西方文化的传入，并形成中西合璧、多元融合的建筑色彩文化特征。

首先，将西涌滨海传统村落建筑色彩划分为祠庙建筑与民居建筑。从明清时期起，祠庙建筑始终是当地村民祭祀等文化活动的核心礼制场所，而色彩作为原始宗教信仰的物化形式，渗透着民间对自然图腾、美好生活的愿景，因此，祠庙建筑色彩是传达村民色彩审美偏好的重要物质载体。由于村民崇信对象多样化，故设有天后宫、协天宫、谭仙庙、伯公庙等。传统祠庙建筑屋面以碌灰筒瓦为主，少数以绿色琉璃剪边装饰，立面以青灰砖墙、白色抹灰为主，色相集中于砖灰色、米白色，建筑装饰集中于屋脊、檐下封檐板、墀头、外墙表面等，并施以各类题材的灰塑、彩绘，色彩以绿、黄、红三种为主，用色大胆，鲜明艳丽。其中西贡村的谭仙古庙，被百姓奉为渔家求雨祈年的保护神，并被尊为"海神"，其建筑装饰色彩以宝蓝色、白色、绿色、红色为主的灰塑，体现了对海洋文化的尊崇和信仰。

其次，西涌滨海传统村落中传统客家民居约有270座，散落在8个自然村里，基本为联排式，部分保护较好。传统民居建筑以青砖、三合土、岩石为主要材质，色相集中分布于砖灰色、土黄色、棕红色，相对于祠庙建筑，民居建筑色彩受到儒家思想对建筑色彩用色、择色规范的限制，建筑色彩较为单一，仅在垛头处或外墙檐下有简单雕花与彩绘，极少数民居具有装饰色彩，局部点缀宝蓝色、大红色以及赭石色。较为突出的是鹤薮古村的刘氏斗廊排，作为一座典型的南方斗廊式古建筑，建筑以浅黄色花岗石为墙基，青砖砌筑成墙，白石灰勾缝，灰瓦顶、砖木结构，檐下装饰有客家民居中常用的牡丹、兰花、喜鹊等彩绘、木雕，花鸟画题材的壁画与广府传统壁画相似，隐喻着儒家所提倡的"忠孝仁义"的思想，墙面彩绘与浮雕装饰色彩丰富，具有浓重的岭南地域特色，同时彰显其不俗的社会地位。

最后，村落整体传统建筑色彩饱和度低，色彩对比关系较弱，属于色彩调和关系，相似色相以及相似彩度的色彩组合成连续的界面，协调融合，建筑装饰色彩用色层次丰富、繁杂艳丽，整体色调以黑白为底色，善用补色，以表达吉祥、人丁兴旺、正义喜庆色彩感情的赤、黄暖色调为主，寓意越红越兴旺，体现了岭南地域文化特色。祠庙建筑色彩与民居建筑色彩具有强烈的差异性，尤其是建筑装饰色彩，祠庙更加多元、华丽、鲜明，体现了中原传统文化中的等级制度与礼制伦理；在华侨文化的推动下，村民逐步认同西方文化，产生了西洋建筑材质、建筑思想与文化、建筑结构、建筑装饰等，如祠庙建筑主体色从灰白色、砖灰色逐渐演变为绿色、藕荷色，绿色琉璃宝瓶栏杆、西洋宝瓶墙等装饰色彩也不断融入民居建筑中。由此可见，西涌滨海传统村落民居主要体现了客家建筑主体色简洁、色彩素雅、装饰色彩对比鲜明的特征，后期融入了西洋建筑色彩特征，祠庙建筑色彩由于其地位的重要性，在华侨文化的推动下，成为融合中原文化、客家文化、海洋文化、西方文化的建筑色彩外显表达，由灰到鲜，不断提高祠庙等公共建筑用色多样化和鲜明程度。

建筑色彩在地域环境、社会文化、建造技术、民族风俗等的影响下积淀形成。在深圳西涌滨海传统村落中，中原文化用色逻辑与原则始终控制着整体村落建筑色彩的发展，已经形成根深蒂固的建筑色彩秩序，成为传统村落色彩风貌建设的基调，其核心主导地位不可撼动。同时，客家建筑用色审美偏好也影响着村落建筑色彩风貌，不同民族用色文化在调和的用色规则中，既融合统一又保留自身特色，彰显了中华民族的审美智慧与文化自信。此外，华侨文化虽然也激发了本土传统村落色彩活力，但仍无法打破传统中原文化色彩审美逻辑与用色规则。因此，移民文化不仅为西涌滨海传统村落建筑色彩带来了不同地域、不同民族的色彩符号，助力于材质与建造技术的广泛传播，更为重要的是传承了民族色彩文化审美思维范式与哲学内涵，进而潜移默化地影响着村落整体的色彩风貌。科学、全面解读移民文化下的深圳滨海传统村落建筑色彩特征，有利于为其村落更新、保护提供科学规划原则及决策依据，有利于提高人居环境品质，提升文化自信，促进城乡融合发展。

第三节　移民文化促进城市发展的基本路径

在移民流动与城市发展的过程中，人们逐渐注意到移民文化对于城市发展的影响。在这种情况下，如何充分利用移民文化促进城市的快速、良好发展，成为人们关注的另一议题。这里结合上述分析，分析移民文化促进城市发展的基本路径。

一、充分利用移民文化建构城市精神

改革开放以来，中国城市化进入了快速发展的时期，城市的物态基础更为坚实，而作为城市的灵魂——城市精神也在不断地凝聚与嬗变中备受关注。由于城市化在很大程度上是一种移民现象，所以由此而衍生的移民文化成为城市化的重要产物，在城市文化中占有举足轻重的地位，自然也就成为城市精神建构不可或缺的要素。

（一）移民文化之于城市精神的多重价值

移民文化是移民在流动过程中形成的一切文化的总和。相对于城市原生文化而言，它虽然是一种异质性文化，但这不代表它与城市文化格

格不入。恰恰相反，通过缓慢而艰难的适应与融合，移民文化化作城市文化的一抹底色，并以此为中介，影响着城市精神的建构。

移民文化为城市精神提供优质基因。当移民文化强势入主城市文化时，其所蕴含的精神基因则可能成为城市精神图谱中的主导基因或等量基因，影响着城市精神的主要内容及其走向，而城市原生文化所蕴含的精神基因则可能被弱化，甚至是同化；当移民文化弱势渗透城市文化时，其所蕴含的精神基因往往是一种隐性基因，在移民群体生存与发展诉求的驱动下，它以一种潜在的趋附形式融入城市原生文化，与其共同涵养城市精神的根基。当然，作为一种多元文化的综合体，移民文化本身蕴含或涵养的精神基因庞杂而多样，然而并非每种基因都是优质基因，也不是每种优质基因都能被城市精神吸纳。在移民文化中，只有那些根植于城市发展的沃土，立足于城市共同利益，引领着城市发展方向，并且囊括了城市最大公约数的精神追求和价值取向的精神基因，才可能成为城市精神所青睐的优质基因。尽管这种优质基因的培育过程不易，而且培育时间不可控，但是，移民群体对于文化身份认同的迫切渴望使得移民文化从未放弃为城市精神提供优质基因。

移民文化为城市精神赋予创新活力。文化因封闭与保守而缺乏创新，因交流与碰撞而富有活力。事实上，不论是从外部还是从内部来看，移民文化都从未加入封闭保守的队列，它从产生之日起就是一种不断碰撞的文化，这种碰撞不仅表现为移民文化与城市原生文化之间的碰撞，而且还表现为移民文化内部多元形态之间的碰撞。移民文化的创新特性在一次次的碰撞中不断被凸显，由此逐步影响移民文化和城市文化的面貌以及内在机理的变化，甚至是引起新的文化生成，而这一变化过程的实质就是开始酝酿城市精神的创新氛围，并逐渐发挥其作用的过程。也就是说，以移民文化的创新特性为核心所营造的创新氛围可以赋予城市精神极大的创新活力。除此之外，不难看出移民文化还是一种动态文化，它会伴随移民群体的流动而不断地吐故纳新，这不仅会为移民文化自身和城市文化增加新的精神基因，同时也会持续强化移民文化的创新特性以及由此营造的创新氛围，这无疑对于赋予城市精神创新活力具有重要作用。

移民文化为城市精神滋养开放情怀。移民群体是文化精神传播最活跃的载体，具有高度的流动性，在城市的进出之间彰显了移民文化的开放与包容等特性，为城市精神滋养了开放情怀。这主要体现为以下两方面：一是从内部构成来看，尽管移民群体来源复杂和流动频繁增加了文化的融合难度，但这不代表移民文化就是零和博弈。其实，面对千姿百态的文化形态，基于其自身以及城市发展的共同期望，移民文化也可以形成共生、共赢、共发展的正和博弈。虽然过程艰难，但移民文化能从中博弈出一种"和而不同"的存在方式，并以此融入城市文化。在这一过程中，移民文化所展现的多元包容则随之对城市精神进行培育并滋养了其开放情怀。二是从外部辐射来看，因为移民群体并不是单向度的流动，所以他们既可以承载着多元的文化形态流入城市，影响城市精神的培育，同时也可以将属于这座城市的精神化身为他们的移民文化，随着移民群体的流出而传播到其他城市，甚至是更广阔的天地，使其在开放的大格局中发挥城市精神的辐射作用。当然，城市等级越高，城市精神辐射范围越广，移民文化为城市精神所滋养的开放情怀就越是明显。

（二）移民文化发展与城市精神建构的现实路径

既然移民文化对于城市精神不可或缺，那么应当如何发展移民文化以推动城市精神的建构呢？

尊重移民群体的话语权，增强城市精神的感召力。在城市化的背景下，移民群体一开始总是以"他者"的身份进入城市，但一经进入，他们就主动或被动地成为城市工作和生活的参与者。既然移民群体是城市的参与者，那么他们对于城市就会有而且应当有话语权。移民文化恰恰就是移民群体以"他者"身份在融入城市过程中表达其思想观念和文化诉求的话语方式。虽然"他者"的客居心态会削弱这种话语权，但无法抹除这种话语权。反之，尊重移民群体的话语权，不仅能够改善"他者"的客居心态，使其与城市本地人平等对话，而且有助于营造城市多元包容的文化氛围，从而增强城市精神的感召力。尊重移民群体的话语权，首先要尊重移民群体话语权的独特表达方式，要以一种开放多元的文化心态去接纳并包容其独特表达方式。除此之外，还要给予移民群体平等沟通的机会，可以通过建设线上或线下的沟通平台，营造自由表达的文化氛围，保障移民群体在城市生活中自由表达的文化权利的实现，增强城市精神的感召力。

开发移民元素的文化产品，增加城市精神的现实感。作为城市精神的重要源泉，移民文化在流动与碰撞中带来了丰富的文化资源，但同时也表现出了极大的不确定性，这在一定程度上减少了其转化为城市精神方面的可能性。要改变这一情形，不能单纯地寄希望于不确定性的低概率，还要通过开发移民元素的文化产品，建立起稳定的文化事业和文化产业以实现移民文化的稳定转化和发展，从而削弱其不确定性带来的影响。首先，在文化事业方面，政府可以根据移民群体的特殊文化需求，开展有针对性的活动，如深圳从 2006 年开始每年举办客家文化节，广州为信仰伊斯兰教的少数民族举办开斋节活动等，这些具有移民特色的活动增强了移民群体对城市的现实归属感。其次，在文化产业方面，以移民文化为核心，发展"移民文化+科技""移民文化+旅游""移民文化+创意""移民文化+教育""移民文化+影视"等文化产业。这些产业基于经济效益，会不断地促进移民文化的转化和发展，推进移民文化的产品开发，并会以此为中心不断吸引同质的移民文化靠近，这在一定程度上保证了移民文化的稳定流动，增加了城市精神的现实感。

强化移民文化的终极价值，提升城市精神的认同感。城市文化素来就不是一个无差别的文化整体，它是由移民文化和城市原生文化融合而成的。作为不同质的文化，移民文化与城市原生文化之所以能够融合，缘于二者在相互妥协与让步过程中达成的共识，这包括共生、共建与共享等。当然，达成的共识程度越高，城市文化融合的水平和质量就越高，而城市精神的认同感也就越强。共识的最高境界是共享，它从主体权利资格的立场给予了城市文化融合与城市精神认同的最高确证。然而，对移民群体来说，共享虽然是一种主体权利，但这种权利并不是天然存在或轻易达成的，它依托于移民文化的终极价值。移民文化的终极价值既不是成就城市物质文明，也不是建设城市精神文明，从来都只是移民群体自身。因此，要强化移民文化的终极价值，就必然要关注移民群体。首先要超越认识上的局限，形成一种"美美与共，天下大同"的文化自觉，进而突破主—客二元文化关系的限制，把移民群体从"他者"的异样目光中解放出来，取而代之的是一种新型的平等文化关系，它赋予移民群体与城市本地人平等的地位，享有同样的文化权利。认识上的改变最终要通过政策来实现。一方面，要取消带有移民偏见、

40

歧视的一切政策。另一方面，要保障移民群体在城市生存、发展的基本权利。唯有如此，移民群体才会对城市精神形成强烈的认同感。

二、借助移民文化促进多元文化的整合与互补

伴随着当代中国快速的城市化进程，移民已成为日益频繁和普遍的现象，移民城市与移民文化也由此产生。其中，深圳以外来移民人口占城市人口绝大多数而成为改革开放以来我国标志性的移民城市，其正处于发展中的移民文化也极具代表性。

（一）深圳移民文化的来源构成及特点

文化结构论认为，文化由表及里包含物质、制度、观念三个层面。由于深圳移民文化本身仍处于动态整合的过程中，因此，要进一步推动文化融合的进程，构建深圳独具特色的移民文化体系，还必须兼具历史眼光与现实关怀，深入考察与分析其文化来源及构成特点。

宝安县（现为宝安区）1979 年改为深圳市，当时人口大约 35 万。至 2020 年，深圳市常住人口已超过 1700 万。大量涌入的移民带来了各自不同的地域文化，成为深圳移民文化的主要来源。第六次人口普查结果显示，目前数量超过十万的在深外省人口，来源地有湖南、湖北、广西、四川、江西、河南、重庆、贵州、安徽、陕西、福建等。按照移民迁出地的文化划分，则楚湘文化人口占 19.23%，巴蜀文化占 8.60%，桂系文化 6.42%，赣文化占 5.46%，中原文化占 5.02%，云贵文化占 2.43%，徽文化占 1.51%，三秦文化占 1.49%，闽南文化占 1.28%，此外，岭南文化作为广东省本土地域文化，占比超过 40%。

以上数据可见，仅从文化来源而言，深圳移民文化的构成呈现出三

个特点：一是移民文化中包含的地域文化来源基本覆盖全国，在同属于中华文化圈层的同时呈现出鲜明的多元性与开放性特征；二是尽管深圳本身的历史文化资源不算丰富，但就其移民文化来源而言，岭南文化仍然占比最重；三是以深圳为中心，省外地域文化比重与其和深圳的空间距离基本成正比，且以南方文化为主，这与香港作为移民城市主要融汇东西方文化明显不同。此外，深圳作为全国第一座齐聚 56 个民族的大城市，其移民文化中还包含丰富多彩的少数民族文化元素。

正是由于移民带来的多种地域文化形态及文化元素在深圳这座文化熔炉中不断汇聚、碰撞、交融，才激发出了深圳移民文化多元、开放、包容、创新的特殊魅力，也为深圳城市文化打造了一张极具辨识性的名片。

(二) 深圳移民文化的现实张力

历经改革开放四十多年的文化沉淀，深圳移民文化无疑已颇具规模，整体水平与影响力也日益提升。伴随着城市经济的飞速发展及政府对城市文化发展的重视，城市基本公共文化需求得到了较大满足，文化创意产业蓬勃发展，新时代深圳精神也已深入人心，成为深圳核心文化竞争力的重要组成部分。但同时，缺乏相对稳定的文化结构模式及文化体系，又基于移民文化的天然特点，使得深圳移民文化呈现出明显的现实张力。

第一，文化的流动性与无根性。移民文化的流动性来自移民本身的流动。20 世纪 80 年代以来，深圳移民人口一直占据绝对优势，城市具有人口高度流动的特征。来自五湖四海的移民带来了各自的地域文化，使得深圳移民文化拥有了丰富多彩的文化要素，不仅为文化创意产业提供了源源不断的文化资源，而且大大激发了人们的文化创造力，深圳也由此形成了包容性极强的文化心态。但移民文化的流动性又必然影响移民文化融合过程的稳定性，以及建构自身稳定的文化结构的努力，从而使移民文化的无根性特征有所强化。当这种文化的无根性投射到移民身上，则体现为对文化身份认同的不确定性，从而加重移民心灵上的漂泊感。

第二，文化的实用性与理想性。市场机制是深圳移民文化的主要生成机制之一。深圳作为改革创新的经济特区，人们处在适者生存的社会环境中，对现实生活意义的需要显然占据人生需求的首位。同时，无论是岭南文化、闽南文化还是赣文化，都有强调务实的传统，由此培育出了深圳人脚踏实地、吃苦耐劳的劳动品格，也为深圳移民文化打上了注重实用性的烙印。但如果文化实用性过于发达，就可能削弱理想性文化的比重，反映到文化消费上可能导致"以满足现实需要为主，满足理想和精神追求的比例不大"，并使文化价值取向呈现出以实用性乃至现实功利性为主要标准的单一化趋势，从而影响人们对文化理想的追求。

第三，文化的开放性与离散性。随着大量移民的涌入，各种文化元素交融激荡、共冶一炉，成就了深圳开放、多元、并存的移民文化生态。同时，深圳移民文化中的各种地域亚文化都同属于中华文化这个最大的文化圈层，使得文化冲突虽客观存在，但绝不突出。"人们处在五光十色的观念文化氛围中，既没有执着于本土文化的优越，也没有排斥外来文化的超前；既没有因崇尚传统而被斥为保守落伍，也没有因追求现代而被讥讽为忘本求洋。"深圳的文化基因里从一开始就没有抗拒和排斥异质文化的元素。"来了就是深圳人"正是深圳开放包容气象极为生动的写照，凸显了深圳移民文化成长的巨大潜力。但同时，伴随着中国文化整体转型的时代大背景，移民文化的开放性又可能导致内部亚文化形态及元素杂多无序，文化融合过程缺乏足够的凝聚力和向心力，文化的离散性得以强化，从而导致文化涵化时间漫长、文化体系形塑难度大、文化特色难以凸显等问题。

深圳移民文化内在的张力为文化的生长提供了理论可能与现实空间，也赋予了深圳这座年轻移民城市源源不绝的精神动力，但一定程度上造成了移民文化融合的现实困境。如今深圳移民文化的发展已迈向新的历史阶段，因此，必须跳出内部力量的相互牵引乃至对抗场域，革新移民文化建设的思路。

（三）多元融合：深圳移民文化的未来超越

新时代深圳移民文化要实现大发展、大超越，必须透过移民文化这座大熔炉，通过驱动文化结构的内在互动，同时借助政府与媒体的力量，以"深耕细作"的心态与方式，努力推动多种文化形态的有机整合及多元文化元素的互补，从而以文化增殖为基础逐渐建立起富有特色的深圳移民文化体系。

首要工作是建构以主导亚文化为基础、多元亚文化深度交融的移民文化体系。深圳这座移民之城究竟如何凝聚文化向心力，才能克服移民文化的无根性和离散性，促进移民文化价值取向的多样化？笔者认为，以某种主导文化为基础建构移民文化体系，不仅不会弱化移民文化本身的多元化特征，反而能为文化融合提供应有的带动力和感召力。就观念文化体系而言，我们亟须在中华文化的宏大格局之下，为深圳移民文化提供一个主导性的亚文化，使之以此为基础融会并涵化其他地域性亚文化。岭南文化作为广东本地文化，不仅在深圳移民文化构成中占比最大，与新时代深圳精神契合度最高，且文化特色分明、影响巨大，事实上奠定了其在深圳移民文化中的主体地位。以岭南文化为基础的主导文化，还需要进一步推动深圳多元亚文化的深度交融。尽管这些亚文化的融合早已开始，但深圳在文化选择、移入、改造与形塑上仍需努力。例如，可以融合岭南文化与闽南文化共有的兼容开拓的文化元素，强化深圳移民文化多元开放的文化特质；移入楚湘文化的浪漫主义元素，强化深圳移民文化的艺术特质；吸收巴蜀文化的平民性、新奇性及徽文化注重人文教化等文化元素，丰富深圳移民文化的价值取向与人文精神内涵，从而建构起超越传统、具有原创特色的深圳移民文化观念体系，从根本上提升深圳文化竞争力，也为移民们在文化交汇中提供精神归属与文化皈依。

此外，政府也要充分发挥自身在推动移民文化融合过程中的主导性作用，强化文化管理的系统意识，担当起弘扬多元文化、指引文化元素选择、营造移民文化融合氛围、提升移民文化层次的重任。在此基础上，我们还要善于运用媒体在文化传播与整合中的特殊力量，利用大众媒体议程设置功能，培养文化意见领袖，深入推动移民文化在语言、饮食习惯、民俗、生活方式等各方面的融合实践。同时在建设"人文湾区"和"中国特色社会主义先行示范区"的进程中，强化与港澳移民文化的常态化互动与交流，进一步推动深圳移民文化的内部整合与外部交流，有力凸显城市的文化特色与对外辐射功能，为中国文化的现代化转型做出应有的贡献。

三、利用移民文化促进传统文化与现代文化的融合

习近平总书记指出，中国特色社会主义法治道路的一个鲜明特点，

"就是坚持依法治国和以德治国相结合，强调法治和德治两手抓、两手都要硬。这既是对历史经验的总结，也是对治国理政规律的深刻把握"。党的十九大报告提出，"坚持依法治国和以德治国相结合"是实现全面推进依法治国总目标必须坚持的重要原则。那么，在中国特色社会主义先行示范区、当代中国最典型的移民城市深圳，德治与法治何以能有机结合、并行不悖呢？这有赖于中国传统的儒家道德文化和特区所崇尚的法治精神。

儒家思想道德文化的核心是德治伦理，包含了以德治国的思想精髓。儒家德治伦理的目的，就是要内圣而外王，齐家治国平天下。在孔子看来，"铸刑鼎"，制定和公布成文法那一套做法，是单纯依靠行政命令和刑罚来治理、约束人民，这只能使人民免于犯罪，而不能使他们以犯罪为耻；如果用伦理道德来引导人民，用周礼来约束人民，就不仅能使人民以犯罪为羞耻，而且还会心甘情愿地服从于国家的利益。

深圳是新兴的移民城市，在改革开放中逐渐形成外向型经济模式，率先建立社会主义市场经济体制，而市场经济的突出特点是以法治为基础，或者说是一种法治经济。中央赋予深圳特有的立法权，目的就在于使特区建立起与市场经济发展相适应的法治体系，保障市场经济健康、稳步地发展，使特区快速步入国际化的轨道。40多年来，深圳作为移民社区，良好的法治环境和社会秩序、较高的法治水平和较强的法律意识，正是特区在建设社会主义市场经济过程中所形成的法治精神的体现。

那么儒家的德治伦理何以能够融合深圳的法治精神呢？一方面，儒家强调德治，并非不讲法治。孔子曾指出："君子怀德"，"君子怀刑"。就是说，君子最关心的是德刑联手，也叫"宽猛相济"。孔子指责"道之以政，齐之以刑"，是反对只诉诸刑罚和滥用刑罚，而不是反对刑罚本身。他反对"不教而诛"，主张"教而后诛"；他赞扬他的学生子路"片言可以折狱"，公开表示自己"听讼"和别人没有区别。其实，儒家的德治伦理本身就包含了刑罚的内容，"德刑兼施，德主刑辅"是儒家的一贯主张。另一方面，法治也离不开德治。以往人们认识中存在一个误区，即把德治等同于人治，使德治与法治对立起来，从而对德治产生偏见，甚至拒斥德治，认为市场经济与德治是背道而驰的。而事实上，法律与道德在社会生活中相辅相成，缺一不可。一个具有高尚道德情操的领导者，即便在德治社会里也必然是以身作则、大公无私的典范，其言行举止也必然"从心所欲而不逾矩"。相反，即便在所谓的"法治社会"里，具有完善的法律法规和成文法典，但如果世人没有良好的道德素质，也可能会出现以法律为盾牌，甚至滥用刑罚的人治现象。可见，法治也离不开德治，二者具有各自不可替代的地位和功能。法治以其权威性和强制性手段规范社会成员的行为，德治以其感召力和劝导力提高社会成员的思想认识和道德觉悟。移民社区的法治是建立、维护、实行移民道德的法律保障，移民社区的德治是以移民道德来规范社会成员的行为，提高社会成员的道德水平。

　　显然，儒家的德治伦理不但可以融合现代的法治精神，而且还可以为移民社区的精神文明建设提供丰富的思想资源。移民社区的思想道德建设围绕树立正确的世界观、人生观和价值观，将继承优良传统和弘扬时代精神相结合，尊重个人合法权益与承担社会责任相统一，注重效率与维护社会公平相协调，努力形成与特区市场经济发展相适应的健康和谐、积极向上的思想道德规范。并且把思想道德观念的要求融于有关的法律法规和各项具体政策中，融于社会的各项管理中，不断促进移民城市治理体系的完善和治理能力的提升，不断推动中国特色社会主义先行示范区建设的顺利进行。

深圳移民作为特区的建设者，在改革开放和建设社会主义市场经济过程中，始终坚持德治与法治相结合，在充分利用中央赋予的立法权完善特区法律法规的同时，加强社会主义精神文明建设和思想道德建设，通过艰苦、深入、细致的思想政治工作，形成良好的舆论环境和道德氛围，使马克思主义理论和习近平新时代中国特色社会主义思想深入特区党员、干部和全体市民的头脑之中，使爱国主义、集体主义和社会主义思想真正成为凝聚和团结特区人民的坚强精神支柱。

那么，在全面深化改革开放、全面依法治国的新时代，要全面加速中国特色社会主义先行示范区建设，就必须坚持且更好地实现儒家德治伦理与现代法治精神的融合，就必须促进儒家思想道德文化在移民社区的现代转化。要成功地实现这一转化，必须做好如下几方面的工作。

第一，研究工作，即对儒家伦理和移民社区的研究。要实现从传统到现代的转化，首先，要深入研究实际问题，即研究深圳移民的思想观念和道德实践。深圳作为中国改革开放的窗口与试验场，同时也是一个新兴的移民城市，经过四十多年的发展与建设，所取得的成就是有目共睹的。毫无疑问，这离不开文化底蕴与伦理精神的支撑，换言之，深圳人肯定已形成并实践着自己特有的移民文化与道德观念。因此，必须从理论上对这种已经形成和正在形成的移民文化和道德观念进行研究和整合，从而把握特区人的道德实践和精神需求。其次，要对儒家思想道德文化进行深入分析和研究，使其充满仁爱精神的思想精华与有关封建等级制度的思想糟粕相分离，取其精华，去其糟粕。总之，我们既要从现实生活的道德需要来研究，也要从儒家思想道德文化的影响、利用和改造的角度来研究，只有把这二者结合起来，才能真正从儒家思想道德文化中得到精华，成功地实现儒家思想道德文化的创造性转化。在这方面，2000 年应运而生的深圳大学道德文化研究所和 2012 年成立的广东省地方特色文化研究基地深圳大学移民文化研究所已经取得丰硕的研究成果。

第二，普及工作，即对儒家思想道德文化中的传统美德进行宣传和普及。只有经过普及，传统美德才能被人们了解和接受，并且内化为自身的道德意识、道德信念和道德理想，指导其道德行为和道德实践。具体而言，传统美德的普及可以通过如下几种途径：其一是社会宣传。借助社会传媒的新闻报道，宣扬传统美德；在公共场所（如车站、机场、码头、超市等）张贴和书写宣传美德的标语，使人们随时关注传统美德，使自己的言行合乎传统美德，让美德像空气一样，润物细无声，在日常生活中滋润人们的心田。其二是学校教育，这是普及传统美德的主渠道。学校可以开设传统美德课，编制传统美德教材和课外读物，对学生进行系统的传统美德教育，从而提高学生的道德素质和道德水平。其三是家庭熏陶。家庭是普及传统美德的第一场所，父母是最好的启蒙老师。和谐的家庭氛围、父母的表率作用将使子女在温馨的家庭生活中感受到传统美德的魅力，在耳濡目染中受到传统美德的陶冶，在潜移默化中养成良好的道德习惯。

第三，实践工作，即根据儒家思想道德文化中传统美德的要求，引导人们从事有效的道德实践。道德实践是传统美德现代转化的关键环节。在道德实践中，一方面，人们把传统美德中的信念、理想付诸现实，加深了对儒家思想道德文化的感性认识，有了切身的体会和感悟，使传统美德与自己的身心需要相结合，产生理性道德行为；另一方面，在人们把自身的道德知识和道德理想外化为道德行为的过程中，感受到一种身心的愉悦和精神的满足，自然地产生道德情感，进而转化为内在的、稳定的心灵需求，于是形成了自觉的道德意识和坚定的道德信念。这个由外在到内在、由感性到理性、由约束到自觉的过程，既是人们道德认知的过程，也是个体道德建构的过程。可见，引导人们从事正确、有效的道德实践，对传统美德的现代转化和思想道德建设至关重要。

四、以移民文化为重要抓手促进和谐城市的建设

社会主义和谐社会的建设，包括和谐城市的建设、和谐农村的建设以及和谐城乡的建设。改革开放以来，大量农村剩余劳动力转移到城市，成为城市的流动人口或新一代的移民。虽然说中国十四亿多人口中五亿是农民，但农民中有很大一部分青壮年工作、生活乃至长期居住在城市。如深圳市，一千万左右的人口，绝大部分是移民或流动人口，而且流动人口主要来自农村。这部分来自农村的流动人口或移民，一方面受城市观念的巨大影响，另一方面又对农村的观念产生巨大影响。他们在城市工作和生活中感受到的人文关怀和人情冷暖，很可能会影响他们的一生。他们需要赖以谋生的技术手段，需要代表科学文化的"真"，但更需要充实人性、完善人格的人文情怀，需要代表人文精神的"善"和"美"。只有真善美统一，尽善而尽美，才是圆满的人格，完善的人生。有了科学技术与人文精神相结合的真善美的和谐理念，这些移民们留在城市能繁荣城市、美化城市、安定社会，回到家乡则能影响一片、

辐射农村、造福后代。可见，和谐城市建设不仅对城市本身至关重要，同时还可以通过这部分移民将和谐观念带到农村，促进和谐农村以及和谐城乡的建设。

城市的和谐不仅涉及城市内部各要素之间的关系，而且涉及城市内部各要素与城市外部环境之间的关系。因此，构建和谐城市，就是要使自然、社会、人在一种和谐的状态中，形成一个有机的系统——一个良性的自然生态圈、社会生态圈、精神生态圈。城市和谐的关键是人，城市的和谐实质上就是属人世界的和谐。而属人世界既包括人的内在的精神世界，也包括人的外在的客观世界。其中，外在的客观世界又包括客观的自然世界和客观的社会世界。显然，城市的和谐或属人世界的和谐是围绕人与自然、人与社会和人的身心三方面来展开的。构建和谐城市就是要构建一个人与自然和谐、人与社会和谐、人的身心和谐的城市。

注重天人和谐。中国传统的和谐观认为，天、地、人三方的融通就是最大的和谐，即所谓的"天地人和"，也就是指人与自然的和谐发展。因此，天人和谐是城市和谐的重要内容。人是自然界的物种之一，其他物种与人类一样在地球上享有同等的生存权。人的衣、食、住、行离不开自然资源，人类的生存发展依赖于自然资源。合理开发和利用自然资源，不仅关系到人类的长期发展，而且影响到自然界其他物种的生存环境。保护生态平衡，就是要保护自然界物种间的数量和分布的平衡，保护自然资源开发与利用在时间与空间分配上的均衡。只顾对自然的索取，不顾自然的报复；只顾人类自己，不顾其他物种；只顾当代人，不顾后代人，这是一种严重违背自然规律的发展方式。这种对自然无限制掠夺的方式，会造成资源的枯竭、环境和空气质量的下降，从而不但使社会发展受到阻碍，而且使城市变得不适合居住。在这种情况下，城市还有什么和谐可言。并且当代人对自然的掠夺和破坏还会危及后代人的生存和发展，影响后代人城市的和谐。因此，构建和谐城市，必须坚持保护环境和保护资源的基本国策；坚持经济社会发展与环境保护、生态建设相统一；坚持资源开发与节约并举，把节约放在首位，在保护中开发，在开发中保护；坚持统筹规划，加大投入，标本兼治，突出重点，有步骤地进行环境治理和建设；坚持依靠科技进步推进环境保护和治理，推进资源开发节约，依法保护环境和生态；坚持深化改革，利用新机制，实行政府调控与市场机制相结合，从体制和机制上促进人与自然的和谐，处理好经济建设、人口增长与资源利用、生态环境保护的关系，推动整个城市走上生产发展、生活富裕、生态良好的文明发展之路。

促进人际和谐。社会是由人组成的社会，人与社会的和谐实质是人与人的和谐。而人又是处于不同区域、分属不同民族的人，具有城乡、贫富、代际差别。因此，作为城市和谐重要内容的人际和谐，就是要在区域之间、民族之间、系统之间、贫富之间以及上一代与下一代之间维护公平正义，保持协调发展。

然而从特区建立以来，深圳特区内外的差距不但没有缩小，还有扩大的趋势，同时深圳特区内的各区域之间也存在比较大的差距，甚至大过特区内外之间的差距。区域之间的差距涉及区域之间人民的利益关系，包括干群之间的利益关系，它不仅影响到区域之间的和谐，甚至还会影响到整个城市的凝聚力。逐步缩小区域差距，促进区域协调发展，不仅是重大的经济问题，也是重大的政治问题，不仅关系到深圳现代化建设的全局，也关系到城市的长治久安。城市认同、民族团结和社会稳定和谐，必须建立在区域协调发展、共同富裕的基础之上。区域发展差距扩大，不但会产生区域之间的经济社会矛盾，在多民族区域，还会引起民族之间的隔阂。深圳是一座移民城市，其中的移民包括来自全国各地的少数民族同胞。根据深圳发展的实际情况和率先实现现代化的要求，近年来已明确提出了促进区域协调发展的战略布局：坚持推进特区外龙岗、宝安两区的开发，鼓励特区内罗湖、盐田、福田和南山加快发展，形成特区内外互动、优势互补、相互促进、共同发展的新格局。

与区域差距并存的是，特区自建立以来，深圳的户籍人口与非户籍人口（尤其是农民工）在收入、财产、就业、社会保障和地位等方面还存在着明显的差别。农民工进城以后，还不能享受同城市居民同等的身份和待遇，在户籍制度、社会保障、医疗卫生、义务教育和就业方面，都有限制甚至歧视。农民工进城了，但还是以农民身份存在；农民工为城市的发展做出了重大贡献，但大多得不到与他们的贡献相对应的各种待遇；农民工境遇艰难，成了城市最大的困难群体。这种户籍人口与非户籍人口的巨大差距，以及农民工不能享受工业化和城市化带来的应有成果，是目前我国社会存在的明显不公平，是显著的不协调和不和谐。因此，深圳在率先实现现代化的过程中，不断加大二次分配的力度，坚持公平公正的原则，切实研究和解决户籍人口与非户籍人口之间的贫富差距问题。目前，关键是要抓好四方面的工作：（1）合理调整国民收入分配结构和政策，加大对非户籍人口（尤其是农民工）的支持和保护力度。（2）通过教育和培训，提高农民工的基本素质，促进其自身发展。（3）进行分配体制改革，消除体制性障碍，逐步形成有利于不同社会人群之间相互促进、和谐发展的有效机制，缩小户籍人口与非户籍人口的收入差距和地位差别。

　　重视身心和谐。构建和谐城市，其最终目的是人的生存和发展。人本身是构建和谐城市的目的，而不是工具。如果把人作为工具，为构建而构建，那就是本末倒置。因此，构建和谐城市的出发点和立足点都应该是人——人的自身和谐，即人的身心和谐是城市和谐的核心。离开了人的自身和谐，城市和谐将成为一句空话。天人和谐、人际和谐虽然为身心和谐创造了良好的外部环境，但如果因身心矛盾尖锐，造成身心严重失调，甚至出现人格分裂，那城市和谐将无法真正实现。因此人的身心和谐是城市和谐的集中体现。城市能否真正和谐，关键在于是否落实到了人的身上，是否达到了人的身心和谐。那么怎样才能使人的身心和谐呢？这就要求人们正确认识人的身心结构及其发展规律，在改造自然、改造社会的同时，加强精神文明建设，按照美的规律来改造和完善人的身心，在人的主体性和本质力量对象化过程中，愉悦人的身心，实现从认知、意志到情感的升华，在人的情感体验过程中，达到美的境界，创建人的身心和谐的精神世界。

　　天人和谐、人际和谐、身心和谐是城市和谐的基本内容和着力点。其中天人和谐、人际和谐既是和谐城市的内容又是城市和谐的基本条件，身心和谐则是城市和谐的内在要素和核心所在。因此，构建和谐城市，就是要在改造现实世界的实践活动中，创造人与自然、人与社会和谐统一的重要条件，促进人的身心和谐与全面发展。

第二章

移民的文化认同

增强移民的文化认同，至少会产生两方面的意义和价值。一方面，可以通过不断增强移民对文化的认同感进一步提升移民对移入地区的认同、接纳和融入，有利于移民的健康生活。另一方面，可以进一步激发移民在移民文化发展中的作用，不断增强移民文化的动力与活力。因此，移民的文化认同问题成为研究者长期关注的重要内容之一。与其他文化认同相比，移民的文化认同既具有相似性，也具有一定的差异性。这种差异性的出现，与文化认同的主体、移民及文化认同的客体、移民文化有着密切的关系。

第一节　移民文化认同的层理、特征及作用机制

按照移民流动方向及区域的差异，移民可以分为不同的类型。这也影响着文化流动、移民文化的产生及移民的文化认同。了解移民文化认同的层理结构及特征，是分析移民文化认同作用机制的重要基础所在。

考虑到本书所梳理的主要是城市移民的文化认同及其产生的影响，这里主要以城市新移民文化认同为例，对移民文化认同的层理、特征及作用机制进行分析。

一、移民与文化流动

人口迁移与人口流动是全球化时代社会变迁的重要特征之一，按是否跨越国境来看，可将其分为国际移民与国内移民。《世界移民报告2018》的数据显示，国际移民人数已从 1990 年的 1.53 亿上升至 2015 年的 2.44 亿，国内移民人数也超过了 7.4 亿。无论是国际移民还是国内移民，大多属于从经济落后地区往经济发达地区的人口移动，当中往往伴随着经济落后地区的文化流动。

（一）国际移民与民族文化的流动

早期人口迁移研究主要关注跨越国境的迁移与流动，例如，17 世纪从欧洲迁移到北美大陆的移民研究成果丰硕。社会学领域的移民研究始于 20 世纪 20 年代的美国，以早期芝加哥学派的相关研究最具代表性。其中，都市社会学里关于种族、犯罪、贫民窟的研究，多少都会涉及移民文化与迁入社会主流文化的冲突与融合。

当今的国际移民以工作为目的的劳务移民居多，他们大多生活在高收入国家。就如萨斯基娅·萨森（Saskia Sassen）所说的"全球城市"（global city），它既吸引了来自全球的各种人才，也聚集了不少拿低水平工资的移民工。大多数弱势劳工来自发展中国家的地方社会，他们是能把自己的家乡和"全球城市"连接起来的重要媒介。

对人口输出地而言，大规模的人口流出容易引起连锁移民现象的出现，这很有可能会促使该地区的大部分劳动人口流向国外。虽有来自海外的国际汇款，但如果没有自身社会经济的发展，这些地区将一直处于落后的处境。而在人口输入地，移民填补了劳动力的空缺，但随之流入的异国文化对当地社会来说是不小的挑战。

移民过程不只是到达迁移目的地，如何适应和融入当地社会，这将直接影响每个移民个体的工作与生活。来自乡村社会的移民倾向于依赖血缘与地缘所构建的社会网络，这些关系网能为他们自己以及后来的移民提供各种信息和帮助。例如，由于人力资本的不足，部分劳务移民被迫从事民族生意（ethnic business）。他们依靠同胞之间的社会关系网络，在被主流社会排除在外的行业中寻求机会，以此维持生计。这些商业活动大多具有民族特色，可以说是民族文化流动后的一种体现。

如今随着经济的全球化，国际移民流向已呈现多样化。美国移民史研究专家梁茂信指出，当代国际移民的总体流向除了表现为从发展中国家到发达国家的迁移，在发展中国家之间也呈现出活跃的态势。

除此之外，通过跨国婚姻方式进行迁移的女性也在增多。20 世纪80 年代中后期以后，特别是进入20 世纪90 年代以来，在家政劳工需求和跨国婚姻的推动下，"国际移民的女性化"在亚洲已是一种趋势。

跨国婚姻增多，早已引起了学者们的关注。日本学者藤井胜指出，以往的女性移民多从事家政劳务等再生产领域的工作，而新增的以婚姻为目的的跨国迁移，也可以看作女性出国赚钱的一种新的选择。这些女性移民大多数来自亚洲发展中国家的乡村社会，她们通过婚姻的方式来维持全球化进程中家庭的发展，也通过汇款、捐赠、投资等方式带动故乡社会结构的再生产。同时，她们的民族文化逐渐走进了迁入社会的家庭单位,对当地社会的影响也不小。

(二)国内移民与地方文化的流动

与国际移民相比,国内移民与迁入社会居民的同质性较高,他们之间的文化冲突相对较小。一般来说,大规模的国内移民多见于现代化进程中的发展中国家。工业化带来的经济发展,推动了农村剩余劳动力流向城市社会。这是一个被压缩的城市化过程。

相较于发达国家,发展中国家的城市化呈现不同的特点,主要表现为:(1)城市化在农村人口占据高比例的情况下得到快速发展;(2)城市人口集中于少数大城市;(3)城市化过程先于工业化过程。除此之外,不同发展中国家的城市化也存在不同之处。如东南亚大部分大城市的发展依赖于旧宗主国的投资,而中国的城市化则受制于城乡二元结构的影响。城乡二元结构就如隐形的边界,限制着人口在制度上的自由迁移和流动。

众所周知,改革开放后我国经济得到了空前的发展,这很大程度上得益于城市化与工业化的快速发展。20 世纪 80 年代中后期开始,随着人口流动政策逐步放宽,大量农村人口涌向城镇,促使我国城乡社会发生了巨大的变迁。学者们从 20 世纪 80 年代就开始关注城市移居者,并通过"农民工""流动人口"等概念对其进行了大量的研究。这些研究为我们剖析了我国人口迁移的整体状况,具有重大的意义。但不可否认的是,通过"农民工"等概念只能了解城市移居者的相似之处(如他们的身份与经济情况),而他们之间的相异之处却甚少受到关注。

我国属于多民族国家,即使在汉族里也存在多种多样的群体。面对这些拥有不同地方文化的群体,我们很难将其简单地类型化,如北京的

"浙江村""河南村""新疆村"之所以呈现不同的就业方式与生活方式，是因为它们之间存在着差异。事实上，大部分农村人口在离开乡村社会之前的人力资本大致相同，不同的是他们所持有的社会关系资本。正如费孝通先生所说的"差序格局""血缘和地缘"，对乡土社会出身的人而言，身处他乡时最能依靠的大多是亲属或同乡。而随着出身地区的不同，他们所能依靠的资源也不尽相同。这与国际移民的不同国籍的群体之间的差异相类似。

当然，随着个体化社会的逐渐形成，年青一代的城市移居者不一定只依靠亲属或老乡进行劳务迁移。而且，随着中西部地区的发展以及《国家新型城镇化规划（2014—2020 年）》的公布与实施，我国人口迁移的方向也已不再单纯指向东部沿海城市。在此背景下，国内移民的流向将呈现多元化。

目前来看，只要人口的大规模迁移仍在持续，社会的结构将随之不断发生变化。因此，我们需要对人口的迁移与流动进行更新研究，把握不同地区出现的新情况。在此过程中，地方文化视角将为进一步了解国内移民的实际情况提供一个有效的途径。

（三）地方文化视角的现实意义

如安东尼·吉登斯（Anthony Giddens）的"后现代性"、乌尔里希·贝克（Ulrich Beck）的"第二现代性"以及齐格蒙特·鲍曼（Zygmunt Bauman）的"流动的现代性"等理论显示：中间组织功能的弱化，使个人获得了更多的自由，但也换来了直接来自社会的各种风险。他们所提到的个体化社会、风险社会等现代性"产物"已伴随全球化的进展而渗透至世界各国各地的社会。

　　人是文化的载体，而文化能反映人们所在社会的状态，因为文化是社会实践过程中的产物。社会化后的个体，能通过内化于自身的文化把所认知的社会形态呈现出来。个体移动至其他社会后表现出来的各种问题，可以看作不同社会之间存在的差异所导致。本书关注地方文化的流动，实则也是关注城乡社会的关系。

　　我国城镇化率急速上升，这样的压缩式城市化对城乡社会的冲击巨大，导致了社会结构的分化与重组。长久以来，我国基层的社会结构一直立足于乡土社会，这个格局被现代化的进程打破。其中，地方社会的部分传统文化随着人口的迁移而汇聚于城市社会。与国际移民相比，国内移民现象中较少存在民族文化上的冲突，但地域间的差异还是促进了具有不同地方特色组织的形成。

　　如同国际移民研究对不同国籍人员的研究，把我国的迁移人口细分为不同群体来进行研究，具有一定的现实意义。当然，这个偏微观的视角要建立在既有研究（如农民工研究）的基础上。结合社会与经济的视角和本书提出的地方文化视角，可以从多方面了解迁移人口及其迁出地区的现实情况，深入把握中国的城乡关系及其所带来的社会变迁。

　　事实上，结合城乡关系和地方文化的研究视角，可应用到每个地区的研究当中。社会学关注人与社会之间的关系，此关系是相互作用的。在此基础上，我们才能对症下药，去思考和解决各个地区所面临的问题。

二、移民文化认同的层理分析

　　文化认同是新移民融入城市的重要前提，也是新移民在城市文化场域中追求美好生活时不得不面对的现实问题。为解决好新移民的文化认同问题，首先需要厘清新移民文化认同的层理结构及其深化规律。

（一）符号认知是城市新移民文化认同的基本前提

文化符号是文化的重要组成部分，也是文化经过沉淀凝结的文化标志，更是文化起源与发展的重要基础，它肩负着承载文化内涵、传递文化意义、表现文化价值的重要使命。这一使命决定文化符号成为人们在建构文化认同必经之路上的首道关卡。因为文化认同是一种对文化的肯定态度，这一态度的表达需要建立在对文化认识与理解的基础上，而文化往往是通过文化符号来被人们认识与理解的。

然而，不同的文化具有不同的文化符号。对城市新移民而言，要在城市文化场域中建构文化认同，首先要识别迁入城市的文化符号。一方面，要识别共通的文化符号，由于新移民的原生文化与迁入地的城市文化都属于中华文化，有着共同的文化基因，尽管它们的文化符号在表现形式上可能不完全一样，但存在共通之处，因此新移民要学会识别出这样的文化符号，可以此为突破口拉近其与城市之间的文化距离；另一方面，要识别出特殊的文化符号，包括语言符号，如城市方言等，也包括非语言符号，如文化景观、城市人物、风俗习惯、建筑风格等，通过这些文化符号了解城市文化的独特气质。其次要理解迁入城市的文化符号。文化意义总是附着于一定的文化符号上，而文化符号则通过承载与表达文化意义具有了存在价值，也展现出了鲜活的生命力。新移民需要在识别迁入城市文化符号的基础上，找到这些文化符号所架起的桥梁，由此进入城市文化所创造的意义世界，深刻理解这些文化符号所传递出的文化意义，准确把握这些文化符号与意义世界之间的联系，同时也明白这些文化符号如何准确表达文化意义。

（二）情感归属是城市新移民文化认同的内在动力

作为一种文化心理，情感归属主要表现为人们对某种文化系统产生亲切、信任、眷恋与接纳等系列情感体验。它虽然具有主观的倾向性，但在本质上乃是因人们的文化需求得到满足而被认可的稳定倾向，有着可参考的现实依据。这种倾向存在并作用于文化认同的整个过程，具有强大的引导与驱动功能，可以指引人们将文化认知转化为文化认同，也可以激励人们去积极建构和强化文化认同。事实上，有了情感归属，才可能有真正的文化认同，一旦离开情感归属，文化认同就会失去内在动力。

在城市文化场域中，新移民通过增强情感归属来助力文化认同的建构，需要注意四方面的内容：一是发掘肯定性情感体验，提高新移民接触城市文化的意愿，促使新移民积极建构文化认同。从表现形态上看，情感体验分为肯定性情感体验和否定性情感体验，前者表现为喜欢、满足等，能帮助新移民积极建构文化认同，而后者表现为讨厌、焦虑等，会削弱新移民建构文化认同的积极性，尤其是当这些情感不断叠加甚至覆盖肯定性情感体验时，新移民就会对城市文化及其认同的建构产生严重排斥。因此，新移民必须注重化解否定性情感体验，努力挖掘肯定性情感体验。二是增加稳定性情感体验，提升新移民对暂时性情感负面影响的抵抗力，促使新移民持续建构文化认同。从历时性的维度来看，新移民在城市文化场域中会经历两种状态的情感体验，即暂时性和稳定性，前者是新移民文化需求得到暂时性满足时的情感体验，而后者是新移民文化需求得到连续性满足时的情感体验。只有当新移民的肯定性情感体验连续增加，才可能形成强烈且稳定的情感归属，为新移民文化认同的稳定建构提供源源不断的动力。三是强化共鸣性情感体验，激发情感的黏性机制，促使新移民自觉建构文化认同。共鸣性情感体验，不仅呈现出新移民与城市文化的统一与契合，也展示了新移民与城市文化的亲近感，正是这种亲近感，牵引着新移民向城市文化靠近，自觉建构文化认同。四是发展高能级情感体验，激发新移民的主观能动性，促使新移民追求高境界的文化认同。情感体验是有层级之分的，其层级越高，效能越大。新移民在建构文化认同的过程中，要发展高能级情感体验，利用其强大的效能作用于文化认同过程中的各因素，使其有序地朝着文化认同最高的实践境界迈进。

（三）价值认同是城市新移民文化认同的核心意蕴

价值观念是文化的深层结构，也是文化最根本、最核心的内容，它决定着文化的性质，引领着文化的发展方向，蕴含着文化最深层的力量。这一关系，决定了价值认同在文化认同中占据着不可替代的核心地位。因此，要建构一种文化认同，必须有相应的价值认同做支撑，否则，文化认同的"神"就散了，难以形成强大的精神力量、承载人们的精神寄托、支撑人们的精神世界，更不可能提高人们的精神境界，最终只会让人们陷入失"神"的生活，变得焦虑不安、空虚迷茫。

亚里士多德曾说："人们来到城市是为了生活，人们居住在城市是为了生活得更好。"在某种意义上，城市象征着美好的生活，而"美好"在城市的文化场域中不仅反映了一种文化需求，也代表着一种价值期望。所以，新移民要在城市中实现"美好"的价值，就要通过价值认同增强文化认同，为其提供坚实的精神支撑。具体而言，一是以价值自觉开启文化认同。文化认同虽然是以符号认知为前提的，却是由价值自觉来开启的。在城市的文化场域中，新移民需要形成价值自觉，也就是对城市文化所蕴含的价值规范、价值观念、价值目标等形成科学认知、合理判断和理性反思，才可能开启文化认同的"神识"，揭示城市文化的本质性力量，为其转化为新移民强大的精神力量奠定基础。二是以价值确认落实文化认同。为保证文化认同能契合自身的需要和期望，新移民必须进行价值确认，也就是要从客体主体化层面确认城市文化满足自身合理需要的程度，从主体客体化层面评判自己对城市文化的影响能力。三是以价值取向指引文化认同。基于对美好生活的向往，新移民应立足于城市与自我的共同发展，确立"美好"的价值取向，为其自觉选择文化、厘清情感归属、确认文化价值提供依据，从而建构有力的文化认同，指引"美好"生活的实现。

（四）行为呈现是城市新移民文化认同的实践机制

行为呈现虽是文化认同的最终环节，但也是极为重要的一环。它在本质上是建构文化认同的实践基础，担负着强化、检验与发展文化认同的重任。倘若没有行为呈现，文化认同只会停留在符号认知、情感归属等主观层面，无法真正激活其现实力量，那么所谓的文化认同也将难以善终。

新移民之所以要在城市文化场域中建构文化认同，最初并非完全是因为个人喜好，更多的是因为其现实价值，它能帮助新移民真正融入城市，实现其对美好生活的期望，而这一价值的最终实现离不开文化认同的实践机制。因此，新移民需要通过行为呈现来建构其文化认同。首先，新移民要通过行为体现文化，强化文化认同。对新移民而言，城市文化作为一种特殊的行为，虽不可见，但可以蕴藏在其行为的规则、方式、动机和价值等方面，也就是以一种无形的方式出现在新移民的具体行为之中。在这一过程中，行为也通过体现城市文化，成为新移民文化认同的表达者与传播者，甚至成为新移民融入城市共同体的重要标志。实际上，反复通过行为来表达或传播文化认同，就会对新移民的文化认同效果不断强化。其次，新移民要通过行为的动态表现，检验文化认同。新移民文化认同是否真认同、效果如何、达到哪种境界，这些问题最终需要在其长期的实际行为表现中加以检视。最后，新移民要通过行为的实践性，发展文化认同。从认同到行为的路向上，新移民可以与时俱进，在城市文化场域中，发展新的行为方式，探索新的行为规则，使其经过长期积淀，发展出新的行为模式，也可以称为行为文化，这一过程不仅拓展了城市文化，增加了文化认同的内容，也从直接层面上发展了文化认同。

三、移民文化认同的特征

特征是事物本质的表现，它不同于事物现象，也不同于事物本质，而是介于二者之间，是透过现象认识事物本质的重要一环。因此，要深入探究移民文化认同，对其基本特征进行概括和解析非常必要。

（一）城市新移民文化认同的结构差异性

城市新移民文化认同是一个有着复杂层理结构的有机整体，由符号认知、情感归属、价值认同和行为支持四层结构相互联结、相互嵌套构成。它具有明显的层理结构，但也存在着显著的结构差异性。

结构分布的非均衡性。从心理学来看，城市新移民文化认同各层理结构有着明确的顺序性和阶段性，会按照其层理结构逐层递进，逐步深化，最终形成一个动态发展链。在这个发展链中，各层结构应该是相对均衡分布的，但事实上，也存在着极为特殊的一面。本次调查发现城市新移民价值认同水平要远远高于符号认知、情感归属和行为支持的水平。一般而言，价值观念是隐藏在文化符号内，需要经过复杂的理性筛选，再加上情感驱动和行为支持等综合作用来形成的。也就是说，在发展链中，价值认同需要更高水平的符号认知和情感归属来支撑。很显然，这与实际情况不同。由于城市精神提炼、文化建设以及宣传推广，促使城市许多价值观念为人们所熟知甚至认同，因此出现了价值认同要高于符号认知、情感归属等现象。这在一定程度上表明城市新移民文化认同的结构分布存在着非均衡性特征。

结构关联的差异性。列宁指出，"每个事物（现象等）的关系不仅是多种多样的，并且是一般的、普遍的"。也就是说，任何事物在独立存在的同时也有着普遍的关联性。城市新移民文化认同各层理结构同样如此，但其关联性也存在着诸多差异。对城市新移民文化认同而言，这种差异不仅表现在其结构内部，也表现在其结构外部。就结构内部而言，符号认知、情感归属、价值认同和行为支持都是城市新移民文化认同的结构要素，也都与城市新移民文化认同总体现状有着显著的正相关关系，但行为支持的相关程度要远远低于符号认知、情感归属和价值认同的相关程度。尽管符号认知、情感归属和价值认同也不是完全相同，却存在着相似的关系态势，如此，就使得行为支持成为结构差异中极为独特的存在。就结构外部而言，与控制变量和影响因素存在显著关系，最强的是情感归属，符号认知和行为归属次之，而价值认同则居于末

66

位，与控制变量的关系最弱。综合上述两方面来看，可以确定城市新移民文化认同各层理结构的关联性是存在差异的。

（二）城市新移民文化认同的多维分化性

城市新移民是"现实的、具体的人"，不仅有着性别、年龄等自然属性，也有着民族、婚姻、学历、职业等社会属性。这些属性反映了城市新移民的多维群体面相，使其在文化认同上呈现出明显的多维分化特性。

多重群体面相的城市新移民呈现出文化认同的多维分化特性。虽然城市新移民作为一个整体在文化认同上有着一定的群体共性，但在具体群体面相中，也呈现出了明显的差异性。如本次调查数据反映，在婚姻的群体面相中，有配偶的城市新移民群体文化认同水平要显著高于无配偶的城市新移民。当然，不是所有群体面相的城市新移民都能表现出不同的文化认同水平。如本次调查数据反映，在性别的群体面相中，男性城市新移民群体和女性城市新移民群体并没有呈现出显著的差异。这并不是否认城市新移民文化认同的多维分化特性，因为所有城市新移民群体面相都会且必须汇聚于"现实的、具体的人"。也就是说，每个城市新移民会同时具有多重亚群体身份，而这些亚群体身份所呈现的分化特性自然也就交织于其身份的所有者——城市新移民，这就使其文化认同水平表现出多维分化特性。

同一群体面相的城市新移民呈现出文化认同的多维分化特性。城市新移民文化认同包含符号认知、情感归属、价值认同和行为支持四层结构，但并非各层理结构在同一群体面相的城市新移民中都能呈现出显著的分化态势。即使呈现出显著的分化态势，也并非各层理结构在同一群体面相的城市新移民中都能呈现出相同水平的分化态势。例如，本次调查数据反映，在婚姻的群体面相中，各城市新移民亚群体虽然在文化认同各层结构上都呈现出了显著的分化态势，但呈现的水平不同，其在符号认知、情感归属和行为支持上呈现的是 0.01 显著水平上的分化态势，而在价值认同上则呈现的是 0.05 显著水平上的分化态势。无论从是否具有显著的分化态势，还是从是否具有相同水平的分化态势来看，在同一群体面相中，各城市新移民亚群体的文化认同水平都表现出了多维分化特性。

（三）城市新移民文化认同的动态变化性

城市新移民文化认同不是城市新移民对城市文化系统简单的添加或转换，不可能一蹴而就，也不是城市新移民与城市文化系统签订的绝对契约，而是一个长期的、动态的变化过程，会随着各种相关因素的变化而变化。恰如吉登斯所言，"认同是由人类自己创造的一个动态的、没有终点的过程"。诚然，城市新移民文化认同会存在稳定状态或理想状态，但这些只是进行时的"阶段状态"而已，并非永恒的"完成状态"。

城市新移民文化认同伴随时间变化而变化。城市新移民文化认同是一项系统工程，其包含的每一结构、每一环节都有自己的发展节奏，需要经过一定时间的积淀与发酵，才能建构成形。成形不等于完结。实际上，成形之后，城市新移民文化认同依然需要在时间的长河中延续发酵。唯有如此，才能持续发力促使新移民全面融入城市，为城市文化创新发展增添新优势。如成形之后未继续发酵，城市新移民文化认同就会面临两种"变化"情况：一是城市新移民文化认同发生动摇或水平降低；二是城市新移民文化认同停留在原地，相较于不断发展的城市新移民文化认同，会"退步"。无论是哪种变化，都会让城市新移民文化认同成为其融入城市的一道枷锁，也成为城市发展的一种桎梏。

城市新移民文化认同伴随客观条件变化而变化。城市新移民文化认同作为一种客观性的存在，形成于一定的客观条件之中，并伴随客观条件变化而变化。这种客观条件主要有两类：一类是城市新移民自身的客观条件，如婚姻、职业、居住方式等。本次调查数据反映，婚姻、职业或居住方式等因素处于不同的状态时，城市新移民文化认同水平存在着差异。当这些条件所处水平发生变化时，城市新移民文化认同很可能发生改变。另一类是城市的客观条件，如制度因素、经济因素和社会因素等。本次调查数据反映，制度因素、经济因素和社会因素均与城市新移民文化认同呈现显著的相关关系。当这些因素发生改变时，城市新移民文化认同也会随之受影响。

城市新移民文化认同伴随主观条件变化而变化。城市新移民文化认同作为一种主体存在方式，会自觉或不自觉地受到主观条件影响。这些主观条件主要包括三类：一是城市新移民的主观期望。城市新移民怀揣着不同的期望进入城市，起初这种期望是以"城外人"身份确立的，但移居城市后，其期望会随着对城市认知加深、自我心理转变等诸多原因发生改变，这种改变在一定程度上会影响城市新移民文化认同。二是城市新移民的主体意识。城市新移民文化认同建构会受到自我意识指导，因此城市新移民是否具有建构城市文化认同意识以及建构城市文化认同意识的强弱变化，都可能会对城市新移民文化认同产生影响。三是城市新移民的态度倾向。在城市新移民与文化认同建构之间存在着一个内在中介——态度倾向，它是城市新移民面对城市文化刺激做出的心理反应，带有好恶的情感色彩和评判功能，能够呈现其如何建构文化认同的准备状态，对城市新移民文化认同起到预测与指导作用。

四、移民文化认同的作用机制

移民文化认同内含移民身份归属、情感心理、价值共识的建构过程。移民文化认同的社会基础影响其作用机制。移民文化认同的社会基础包括社会符号——身份认同、社会情感——心理认同、社会利益——价值认同，其中符号认同带动移民文化身份认同的涵养机制、情感认同铸牢移民文化心理认同的融合机制、利益认同强化移民文化价值认同的动力机制。

（一）符号认同带动移民文化身份认同的涵养机制

文化身份认同是移民对移入地主流文化适应与融合过程的重要方面，这一过程能否实现以及实现的程度又反过来影响移民文化的建构。社会文化中的符号作为承载文化内涵、传递文化意义、表现文化价值的重要载体和形式，引导着移民的文化价值观念结成一定的意义共享的文化社群和形成移民自我文化身份认同，进而使移民文化得以呈现、存在和流传。

移民在开放、发展的符号文化中能动地塑造自身。符号作为一种客观化的文化形式，具有开放性与发展性的特征，蕴含着独立的精神能量，进而塑造了移民自身的身份属性。移民正是建立在以文化符号为中介的交往与交流的基础之上，创造了移民本身。当前，移民在我国成为日益频繁和普遍的现象。移民的聚集，使得各种文化符号相互交汇与激荡，在传统与现代、本土与外来的各种文化符号冲突与融合下，只有对各类文化符号进行正确的认识和定位，将其文化的内涵价值充分发挥出来之后才能帮助移民群体更好地在纷繁复杂的文化环境中确定自我身份认同。为此，就要善于运用中华文化符号体系唤醒移民的文化符号记忆，并进行创新性发展和现代化重塑，使移民在记忆的传承中创新文化符号，进而通过寻找在群体中的归属感来确证与塑造自我的移民身份。

移民在文化符号为表征的群体共性下建构移民文化身份。移民的文化身份认同是在群体共有的文化语境下对个体自我认知的表征，表明特定历史情境中移民和移民所属的群体确认其被赋予一定的文化特征，从而反映出移民共同的历史经验和共有的文化符号。此文化符号在移民确认自我身份的过程中转化为移民心理和精神意义的"自我"。因此，移民可通过对移入城市的文化符号的认知，构建其文化身份，形成移民文化身份的认同，进而产生对移民文化的归属感和自信。那么，对移民城市来说，就要借助文化符号记忆使移民达到对城市发展历程、本质和精髓的准确把握，并在移民广泛的社会实践中使移民自身继承与形成一种对城市的整体意识和历史文化意识，进而增强移民对移民城市的认同和文化认同。

（二）情感认同铸牢移民文化心理认同的融合机制

情感认同，体现了移民对某种文化系统所产生的肯定、接受、满意等积极的情绪体验，并内化为自身的意志与信念，进而实现对文化的认知、情感、意志与行为的有机统一。情感认同一经形成，便形成相对稳定的心理状态和精神状态，继而有效排除外部环境的干扰，铸牢移民文化心理认同的机制，提升移民文化认同的心理根基。

　　情感输出实现了移民的文化交流与共情性心理认同。情感是历史和文化的产物。移民在情感输出与表达过程中首先会产生对移民文化的情感体验和情感共享，而后再认知到自我原有的文化观念差异，并对其进行总体性认知评判，在此基础上产生一种伴有相应行为的情绪情感反应。移民主体将产生的这种情绪情感和行为指向自我的内在心理，从而产生共情性的心理认同。因此，在移民社会共情空间下，借力新媒体资源增强移民的文化交流与培养移民的共情意识和共情能力是铸牢移民文化心理认同的重要方式。这就首先要打破文化传播的身份区别与文化隔阂，在移民群体氛围内铺垫共情基调。以讲好移民城市小故事为目的，传输真实情感和文化内涵，加强与移民的紧密联系，以深层的人文情怀抵达移民的内心深处。同时还要寻求共情议题，满足新时代移民的社会期待与心理诉求。尤其在当前数字化时代，应拓宽情感传输渠道，寻找移民共同关注的社会议题，发挥议题的最大价值，从而使移民在更大范围内实现情感联动共鸣和共情性文化心理认同。

　　情感归属驱动移民群体的自我心理整合与城市文化融合。情感归属本质上体现的是移民的文化需求得到满足后而被认可的稳定心理倾向，它是情感认同的心理表现，更是移民文化心理认同进行积极主动建设的内在动力。尤尔根·哈贝马斯（Jürgen Habermas）强调："生活世界构成一个视域，同时预先提供了文化自明性，由此，交往参与者在解释过程中可以获得共识的解释模式。"① 可见，移民个体之间通过言语和行为层面的交往过程可以强化他们的群体意识，移民群体之间从中获得强

---

① ［德］尤尔根·哈贝马斯. 现代性的哲学话语［M］. 曹卫东，译. 南京：译林出版社，2011：312.

大的凝聚力和归属感。对此，就要加强移民的共识性交往与沟通，唤起移民个体的情感记忆，拉近彼此的心理距离，形成交往的情境。移民个体原本情境下的"自我"将逐渐社会化和再社会化，并在共同的真情流露中形成情感共振，驱使移民个体进行自我心理整合。移民将不再是孤立的个体，彼此建立起共享性的移民城市空间，加强自身与城市文化的融合及认同建构。

（三）利益认同强化移民文化价值认同的动力机制

作为物质形态与精神形态相统一的内化与实践，移民的文化认同包含着移民需求的满足、对美好生活的期待及对理想价值目标的追求，它是一种深层次的价值认同，体现着移民文化认同的内在特性和功能属性。由此产生的动力推进是建构移民文化认同的利益归旨，进而形成移民的价值共识，引导其价值判断，协调其行为方式。

移民利益整合与调适推动形成移民广泛认同的价值标准和价值凝聚力。利益关系的整合与调适是移民文化价值认同得以形成的关键和基础。马克思指出："人们奋斗所争取的一切，都同他们的利益有关。"因此，利益是移民思想和行为的动力源泉，追求利益也是移民进行一切社会生产活动的动因。为了获得更多和更好的利益，移民不断调整个人诉求、自我价值与移民社会之间的对立统一关系，本质上就是对社会利益关系做出一定的调适与整合。对利益的调整与整合是为了使不同的利益主体与利益客体之间处于一种和谐的状态。然而，移民在现实社会生活中，面临着多元的利益和价值的碰撞和冲突。这就要重视对社会利益的调整，妥善处理好移民与移民之间、移民与本地"土著"之间的利益关系，建立和健全利益协调机制和利益分配机制，缩小利益差距，协调移民的利益冲突，进而形成移民广泛认同的价值标准，激发移民共同体未来发展的动力和价值凝聚力。

移民利益激励与导向保障移民文化价值认同沿着中国特色社会主义的方向不断加强与深化。移民主体自身对社会利益的追求是激励文化价值观认同最直接、最稳定的驱动力量。列宁指出："现实生活说明我们错了……不是直接凭借热情，而要借助于伟大革命所产生的热情，靠个人利益，靠同个人利益的结合，靠经济核算。"在市场经济条件下，移民的文化价值认同需要准确把握关于社会利益分化的现实问题，加强移民的利益认同。因此移民城市应该从利益角度出发，根据移民内在的发展需求和规律特点，在对移民利益激励的基础上，以利益认同促进价值认同与文化认同。但移民在新城市追求利益最大化的过程中，深受市场经济下功利主义的影响，这就需要培养移民正确的利益观，引导移民对利益结构进行优化调整。邓小平曾说："在社会主义制度下，归根结底，个人利益和集体利益是统一的，局部利益和整体利益是统一的，暂时利益和长远利益是统一的。"因而在一个秩序良好的移民社会中，应该以社会主义核心价值观为引领，引导移民所追求的终极价值应是社会利益的最大化与公正化，即超越单个意志、能代表绝大多数人利益的一种"共同价值观"，实现个人价值和社会价值的高度统一，使移民的文化价值认同始终沿着中国特色社会主义的方向不断加强与深化。

第二节　移民文化认同的形成及现实案例

为了更好地探讨如何促进移民的文化认同，这里需要对移民文化认同的形成过程予以解释。通过深入了解文化认同的形成过程，我们可以更好地理解移民城市的多元性，并为制定相应政策和措施提供参考。此外，本部分以北京新移民、上海新移民为案例，进一步阐释移民如何进行文化认同，以期为认识移民文化认同提供一些较为鲜活的"景象"。

一、城市新移民文化认同的博弈与互动

城市新移民是伴随城市化发展而形成的一个特殊群体，其作为城市生活的重要参与者，在城市发展中扮演着越来越重要的角色，可是文化认同问题也如影随形，成为新移民在城市中生存与发展不可回避的现实问题。事实上，人是文化的存在，而文化认同作为人文化属性的最深层表现，承载着人最为基本的思维准则、态度立场和价值取向，直接或间接地支配着人的行为活动。因此，新移民要在城市中谋求最优的生存与发展之路，必须正视其文化认同问题，在多元文化交织的现实图景中认清文化认同的现实境遇，掌握文化认同的发展机制。

（一）多元文化交织的现实图景

人是文化的主体，也是文化的重要载体。由于迁移，不同文化伴随新移民的空间转移而汇聚于城市，与城市的文化共同绘制了多元文化交织的现实图景，呈现出多维的复杂特征。

多元与统一的特性并存。改革开放后，大量新移民涌入城市，改变了城市的文化图景，使其既呈现出多元的文化色彩，又着染了统一的文化主色。多元的文化色彩，主要源自新移民固有文化的异质性，这一特性既反映在其文化的内部关系上，因为新移民的固有文化并不是一种无差别的文化整体，而是因流动共性汇合成的文化集合，其内部包含着多种迥然不同的文化样态；同时也反映在其文化的外部关系上，因为新移民的固有文化与城市的文化产生于不同的文化场域，具有较大的差异性。统一的文化主色，主要源自中华民族文化的统一性，无论是城市的文化，抑或是新移民的固有文化，都是中华民族文化的有机组成部分，蕴含着中华民族文化特有的本质。

冲突与融合的可能同在。日本学者广田康生认为，所谓移民就是指一个过程，在此过程中，一种文化向另一种文化进行整体流动，并往往引发一些问题。其中最为突出的问题就是冲突与融合。每一种文化都形成于一定的时空场域，但一经形成就具有强大的空间扩张力。在城市文化图景中，新移民的固有文化会竭力争取生存和发展空间，而城市的文化则会奋力守护其生成的时空场域，这时，碰撞和冲突便无可避免。与此同时，融合的可能性也产生于这一过程。因为在空间的争夺中，新移民的固有文化与城市的文化有着共同的目的，即解决其主体在城市中的生存与发展问题，这一问题的解决并非绝对的对立，毕竟无论是新移民还是城市原住居民都是中华民族的重要组成部分，拥有共同的价值取向和利益基础，这就为二者和谐共生奠定了基础，也为二者文化的融合提供了可能。

边缘与中心的位移皆有。在城市文化图景中，新移民的固有文化或衍生的新移民文化，既有处于边缘地带的，也有处于中心位置的。这些位置不是随机选择的，而是由新移民在城市社会结构中的位置确定的。当新移民以强势姿态进入城市，取代城市原住居民成为城市发展的主力军，其固有文化或衍生的新移民文化就会在城市中占据主导地位，成为城市的中心文化，而城市的文化则会退出中心位置，转为城市的边缘文化，甚至消失。如深圳、佛山等移民城市的文化都呈现出这样的结构。当新移民以弱势姿态进入城市，成为城市的边缘性群体，其固有文化或衍生的新移民文化也就会在城市中处于劣势，居于边缘位置，而城市的文化则依然居于中心位置，只是会从这些边缘文化中汲取营养，继续保持优势。

（二）新移民文化认同的博弈

文化认同是人们对文化形成认可与归属的倾向，它是文化存在和发展的核心，具有确认自我身份、追寻生存意义的作用。迁移活动带动文化流动，促使城市文化图景中多元交织的特性凸显，在一定程度上对新移民固有的自我身份和生存意义产生了冲击，甚至造成新移民的迷茫和困惑，因此新移民不得不面对"我是谁""我为何来到城市"等问题，在文化认同的变与不变之间进行博弈。

新移民文化认同存在多种博弈可能。当新移民未有改变文化认同的意愿，并且也不以接受城市的文化作为获得较好生存状况的前提时，就可能会选择保持固有文化认同。若是新移民的数量较少，规模较小，他们可能会成为城市的"局外人"；反之，新移民就有可能入主城市，出现同化的情况。当新移民存在改变文化认同的意愿或者需要接受城市的文化作为生存条件时，就可能会选择改变固有文化认同。或许经过城市"熔炉"的锻造，被城市的文化完全同化，成为城市的"同类人"；或许徘徊于两种文化之间，既不接受城市的文化，也不完全认同其固有文化，成为双重"边缘人"；或许在固有文化与城市的文化融合中形成一种新文化——新移民文化，兼容不同的文化认同，成为城市文化共同体的有机组成部分。

无论选择变还是不变，新移民文化认同博弈都需要经历一个漫长的过程。因为如果选择变，新移民就需要打破固有文化认同的平衡态，但文化认同是在一定的文化积累中形成的，文化积累的时间越长，文化认同平衡态的稳定性和惯性也就越强，而新移民在移居城市前大多是成年人，都已具有较长时间的文化积累，因此打破固有文化认同平衡态本身就需要经历一个相当长的时期。何况，新移民还要形成新的文化积累，寻找并建立新的文化认同平衡态，这也不是一项短期工程。如果选择不变，新移民就需要进行文化移植，维持固有文化认同，但每一种文化都需要建立在适宜的"土壤"上，以特有的"生存经验"供养，这就意味着，新移民坚持固有文化认同，就需要对移植的文化进行长期管理和维护，保持其"土壤"不变质，给养不断供，否则移植就可能失败，无法维持固有文化认同了。

（三）新移民文化认同的互动

在城市中，多元文化交织的现实图景，不仅为新移民文化认同提供了博弈的空间，也为新移民文化认同提供了互动的平台。

新移民文化认同的互动存在两种基本形式：一是基于历史性维度的过去、现在和未来的互动。新移民来到城市后，无论是否选择改变其固有文化认同，都可以从其固有文化中，为"现在"或"未来"选择的文化提供可以传承或借鉴的文化因素，也可以从其固有文化认同中，为"现在"或"未来"的文化认同寻找到合理存在的证据。二是基于共时性维度的自我与他者（相对新移民而言）的互动。在多元文化的时空中，文化很难孤立存在，其要存在必然需要与他者的文化有所互动。通过互动，新移民一方面可以了解城市中不同文化之间的差异，从差异中强化对文化认同的自觉，将他者的文化因素吸收到自我身份的建构中，推进自身文化认同的发展；另一方面，也可以向城市中的他者，传递其独特的文化信息和文化意义，在一定程度上，坚定自身文化认同的立场，维护甚至扩大自身文化认同的发展空间，毕竟"文化具有传递认同的功能"。

新移民文化认同的互动实质上是文化对话协商的开始。它超越了狭隘的地域意识，克服了冲突的对立思维，突破了身份的偏见心理，充分展示了对文化差异性的尊重，对身份多样性的包容，在一定程度上缓和了新移民文化认同博弈中的冲突性和对抗性，为新移民文化认同的形成与发展指出了一种协商共赢的路径。在这一路径上，新移民不仅可以为自身文化认同积蓄文化力量，也可以为他者文化认同提供文化资源，更重要的是，可以在自我与他者的相互借鉴、相互切磋中，增强城市的文化创新创造活力，彰显城市的文化求同存异品格，激发更多的城市主体意识和共同体精神，促使其将自我利益、他者利益与城市利益有机融合，凝聚最大的文化共识，化解文化认同所引发的冲突和矛盾，为城市的发展提供更多、更新、更强的智力支撑。如此看来，互动无论是对新移民，抑或对城市中的他者，还是就城市本身而言，都是一条共赢的路向，也是博弈的最优结果。

在多元文化交织的现实图景中，博弈与互动为新移民文化认同提供了两种不同的发展机制，前者立足于利益竞争的逻辑，后者立足于对话协商的逻辑，尽管二者不尽相同，却是相伴相生的，始终贯穿于新移民文化认同的发展过程之中。

二、城市新移民文化认同的基本路径

改革开放以来，随着我国城市工商业的发展，大量农业人口由乡村迁移到城市，出现大批城市化移民。对他们而言，乡土文化作为最深刻的文化记忆，不仅构成了原有生活世界的重要组成部分，而且体现了安身立命的意义与价值所在，因而具有结构上的稳定性及较强的延续性。进入城市后，城市化移民不得不面对与乡土文化截然不同的城市文化。考察这一群体如何基于既有乡土文化背景而逐渐趋向对城市文化的认同，正是城市化移民文化认同机制研究的目的。

（一）文化差异：乡土文化和城市文化的系统对比

城市化移民的文化认同问题，首先产生于这一问题所涉及的一对主客体关系，即作为文化认同主体的"城市化移民"和作为文化认同客体的"城市文化"之间的差异。就主体而言，尽管城市化移民可能同时拥有各自不同的地域文化，甚至民族文化背景，但相较于城市文化，其最突出的共同文化背景仍是传统乡土文化。从文化三层次出发，传统乡土文化构成如下文化系统：物质文化层面体现为农业文化，制度文化包括宗法文化、伦理文化、礼仪文化等，观念文化则是以"仁义礼智信"为代表的儒家价值规范为主，属于中国传统价值共同体。就客体而言，处于城市化高速发展阶段的城市文化，其文化样态更加多样。以深圳为例，其在物质文化层面主要体现为工业文化和科技文化；在制度文化层面，作为经济特区的深圳拥有政策制定上的较大自主权，形成了自身独特的市场经济体制文化等；在文化观念层面，深圳人在过去几十年的生产生活实践中逐渐形成了独具特色的文化价值观及文化追求，形成了"开拓创新、诚信守法、务实高效、团结奉献"的深圳精神。以上几方面构成了深圳这座城市的既有文化系统。

将以上两大文化系统加以对比，足见其差异。尤其在制度和观念文化两个层面尤为明显，甚至有相互抵牾之处：在制度文化层面，乡土文化强调血缘亲族关系，具有内生性和保守性，而以深圳为代表的城市文化更强调经济伦理与个体独立人格，因此必然注重开放性、竞争性和创新性；在观念文化层面，乡土文化以儒家价值规范为核心，主要强调人文道德价值，而城市文化则更注重与市场经济制度相适应的法治观念、商业意识以及科学精神。城市化移民面对差异如此明显的两个文化系统，必然处于一种文化焦虑之中。

（二）文化适应：城市化移民文化认同的动力来源

为缓解由文化差异带来的文化焦虑，文化适应不仅成为城市化移民最迫切的文化需求之一，同时也成为其文化认同的主要动力来源。它是一个由表及里、逐渐发展的内化过程，可分为以下三个层次。

层次一：物质层面的感知调适需求（乡村—城市）。对城市文化之物质文化层面的感知，是城市化移民由乡村进入城市后，接触城市文化最初和最直观的感受。城市里各类型文化场所、大街小巷矗立着的各种文化设施，乃至整体文化风貌都与乡村截然不同，这种物质层面上的巨大差异，对城市化移民的直观感知会产生一种巨大冲击。因此，对物质文化及其环境的适应需求，成了这一群体初入城市后产生文化认同意识的直接推动力。

层次二：制度层面的身份确认需求（乡民—市民）。身份确认对城市化移民的文化认同所产生的推动力主要来自两方面，一是政治意义。

市民与乡民身份在制度上的差异，主要在于是否被官方认可为城市的正式居民，这将直接影响城市化移民的社会评价与自我认同。二是经济意义。如目前城市户籍制度改革中仍存有争议的一点，正是由于户籍制度带来城市移民户籍身份的不同，使其中劳力型移民可能因身份差异而导致收入差异。可见，市民身份的确认分别于政治与经济的双重意义上对城市化移民举足轻重，并成为推动其在制度文化层面上产生文化认同意识的重要动力。

层次三：观念层面的精神归属需求（乡土精神—城市精神）。城市化移民通过各种方式参与城市经济活动，经济实力有了较大增强，开始产生留在城市生活的愿望。同时，长期的城市生活也使这一群体对城市产生了情感上的依恋和精神归属的需求，由此在深层次上推动了其对城市精神、文化观念及其价值体系的"内在认同"。

（三）涵化：城市化移民文化认同的过程分析

城市化移民的文化认同将经过一个长期的文化涵化或潜移过程。著名佛教文化研究者汤用彤先生曾在《文化思想之冲突与调和（节选）》一文中，专门讨论过外来文化和本地文化这两种异质文化相遇后的"文化移植"问题，实际上可视为对异质文化相遇后的涵化过程的阐释。他认为面对本地文化，外来思想的输入常经过三阶段，即调和—冲突—调和，其分别指"因为看见表面的相同而调和""因为看见不同而冲突""因再发现真实的相合而调和"①。

我们如果把城市化移民所承载的乡土文化视作外来文化，将城市文化视为本地文化，运用以上文化移植理论，城市化移民文化认同所经过

① 汤用彤. 文化思想之冲突与调和（节选）［J］. 中学历史教学，2008（3）：1.

的复杂涵化过程便可总结为这样一个"表面认同—内在冲突—内在认同"的变化过程。(1)表面认同,即乡土文化与城市文化表面上的调和。城市化移民初入城市后,基于前述三个层次的文化适应需求所提供的动力,以及尚未深入了解城市文化系统及其特质,他们更易于寻求乡土文化和城市文化间的相同点,由此暂时缓解文化差异带来的焦虑感与迷茫感,但这种情况并不会持续太久。(2)内在冲突,即乡土文化与城市文化内在的冲突。随着移民对城市生活的介入,他们对城市文化的理解也将不断加深,两种文化间的差异便逐渐显现出来,尤其在制度和文化上,文化差异的调和显得越来越困难,移民体会到的文化撕裂感也将愈加明显。(3)内在认同,即乡土文化与城市文化内在的调和。城市化移民通过文化反思、重估、选择、吸收、对抗、移入、改造、重构等方式,使两种文化均发生改变,最终实现二者的内在调和。这一过程反映到城市化移民的文化认同上,便体现在对乡土文化的改造程度和对城市文化的认同程度上。

(四)变迁:城市化移民文化认同的结果考察

文化涵化必然引起文化变迁,这也是文化认同的必然结果。人类学把涵化过程中发生的文化变迁概括为六种情况:(1)取代,即以前存在的特质或特质综合体由另一特质取代,代行其功能,产生最小的结构改变;(2)综摄,即各种旧特质混合形成一种新制度,这可能导致大规模的文化变迁;(3)增添,即增添新的特质或特质综合体,有时会发生结构改变,但有时不会;(4)萎缩,即丧失一个文化中的实质部分;(5)起源,即产生新的特质来满足变化形式的需求;(6)排拒,即变迁过程十分迅速,以至于许多人不能接受这种变迁,其结果会造成排拒、反抗或复兴运动。

我们按照文化变迁程度由小到大的顺序,将通过涵化过程实现的城市化移民文化认同的结果总结为三种:一是单向文化排拒,即移民对城市文化的认同度低,甚至在排拒城市文化的同时全面复归乡土文化。尽管这也是实现文化调和的一种方式,但它很可能会导致移民城市化过程的最终失败。二是单向文化认同,即完全认同城市文化,同时排斥乡土文化,使之逐渐萎缩并失去其文化要素的实质影响。这种情况对现代城市化移民而言并不现实,且容易形成社会不安定因素。三是双重文化认同,也是最为主流的一种,即同时认同两种文化,且双方各有不同程度的改变。这种改变包括在取代的情况下最低程度地改变其中一种文化;在增添的情况下一定程度地改变其中一种文化,甚至改变其结构;在起源的情况下对乡土文化和城市文化都有所改变;在综摄的情况下对乡土文化和城市文化进行有机整合,对双方都有较大程度的改变。双重文化认同已在多个当代人类学研究中被证实,不失为一种基于实用主义与人文关怀而产生的文化认同结果。

三、城市新移民文化认同的现实案例

（一）北京新移民的现状及文化认同研究

改革开放以来,我国的社会经济得到了飞快发展,随着人口大规模向城市迁移,移民变成了一种普遍和频繁的现象。而北京以其得天独厚的优势,吸引了大量的移民来此拼搏奋斗、生活定居,北京由此成为我国具有代表性的移民城市。

移民是人口在不同地区之间的迁移活动的总称,既指人口在空间上

的迁移活动，又指参与移民活动的人员。而新移民在本书中主要是指改革开放之后我国出现的迁移行为和迁移人口。移民是文化的载体和创造者，移民们创造的移民文化具有提升一个城市综合竞争力的重要作用。① 目前中国正面临着新型城市化、工业化，正在逐步进入老龄化社会，据统计，2017 年我国的流动人口约 2.44 亿，而北京则拥有着794.3 万的外来常住人口，移民问题无疑是我国目前面临的一个重要的社会热点问题。移民在促进移民城市发展的同时，他们自身也面临着不少的问题。对移民及移民文化认同进行研究，针对存在的问题提出相应的解决措施，能够增强移民的文化认同，从而进一步促进移民城市的健康发展。

1. 北京新移民的现状

北京作为我国的首都，拥有着独有的行政地缘优势，比如，教育资源丰富、医疗卫生资源丰富、社会福利多、救助标准高等，得天独厚的优势吸引着人们持续不断地来此拼搏奋斗、扎根生活，大量移民的涌入进一步提升了北京的城市竞争力，促进了北京经济的快速发展。下面笔者将对北京现有移民的状况，即对北京移民的人口总数和移民结构做一个简单的介绍。

第一，人口总数方面。近几年北京市的常住人口增长放缓，《北京市 2023 年国民经济和社会发展统计公报》数据显示，全市常住人口2185.8 万人，比上年年末增加 1.5 万人。由于北京的户籍人口总量保持在一个比较稳定的状态，因此常住人口的减少很大程度上是常住外来

_____

① 刘志山．移民文化与城市竞争力［J］．深圳信息职业技术学院学报，2015，13（4）：7-13.

人口数量减少导致的。

第二，移民结构方面。根据从事工作的不同类型来划分，可把北京市的新移民分为智力型移民、劳力型移民以及经营型移民。[①]

智力型移民受过高等教育，在移民地的工作门槛较高，他们往往具有要在北京安家立业的强烈愿望。与另外两种移民类型相比，智力型移民体现出了年轻化和高学历的特征，从事的也多为社会认可度较高、社会尊重度较高的职业，他们在社会地位以及生活质量方面具有较为明显的优势，因此，这类移民对北京的文化认同度较高。

劳力型移民未接受过高等教育，从事的工作技术含量低，工资收入少，他们有想要定居北京的愿望，但由于遭受的种种排斥和不公平待遇，以及收入水平较低等，最后大多数人也只能是在北京耗费了青春，回到家乡养老。农民工便是劳力型移民的主体部分。劳力型移民对北京的文化认同度较低。

经营型移民有自己的投资和产业，靠技术或资金来运作自己的产业，获取利润。这类移民从某种程度上说，是劳力型移民的高级阶段，由于有自己的产业，他们一般是举家进行迁移，家庭化趋势较明显，对于定居北京也有较强烈的意愿，但是商人的本质让他们不得不考虑在北京进行家庭生活的成本，同时，在老家拥有农村土地收益，也对他们移居北京的想法产生了一定的影响，这类人的文化认同比劳力型移民高，但比智力型移民低。

作为我国的文化中心和教育中心，北京有着丰富的教育资源，聚集了全国数量最多的重点大学，是我国教育最发达的地区之一。接受过高

---

① 刘志山. 移民文化论丛（2014）[M]. 北京：中国社会科学出版社，2016：21-36.

等教育的人才有很大一部分在毕业之后会选择留在北京，由教育型移民转化为智力型移民。同时，随着进京落户门槛的不断提高，北京市移民的学历水平也呈现出向高水平聚集的趋势，因此智力型移民在移民总数中占据的比重将越来越大。

2. 北京新移民的文化认同及其影响因素

身份认同、心理认同及价值认同是影响北京新移民对北京文化认同的主要因素。移民们对北京的身份认同感，受到了北京严格的户籍制度的影响；而不具备北京户口，导致移民们在很多方面无法与北京市民享受同等的福利待遇，进而影响了他们的心理认同感；同时新移民还面临着个人职业目标不明确、个人价值与社会价值的关系难以理顺等问题，从而影响了他们的价值认同感。

第一，身份认同及其影响。身份认同是移民文化认同的社会基础，它指的是移民对主体自身的一种认知和描述，是移民获得移入国家、地区或城市法律认同的标志，对于移民的文化认同具有重要的意义。

从相关统计公报可知，2017 年北京市的常住人口密度为每平方公里 1323 人，如此庞大的人口密度以及人多地少的状况使得北京不得不实行极为严格的户籍管理制度。同时，为了维持北京首都核心功能，《国家新型城镇化规划（2014—2020 年）》确定北京 2020 年常住人口目标为 2300 万，为了达到这个目标，北京将进一步加强对户籍人口的管控，落户北京将越发困难。

目前落户北京的途径主要有新生儿落户、积分落户、人才引进落户、应届毕业生落户、考取公务员以及经商纳税等。而北京户口的好处主要体现在养老、子女教育、住房、购车、医疗保障和低保等与人们的日常生活息息相关的方面。严格的户籍管理制度，使得大量的移民难以落户北京，身份得不到认同使得他们严重缺乏归属感和公平感，这成了影响他们文化认同的一个重要因素。

第二，心理认同及其影响。心理认同是移民对移入国家、地区、城市的个体感受，如幸福感、安全感等，是移民文化认同的个体基础。北京市政府在经济建设、社会保障、宜居城市建设、城市环境建设等方面取得了一定的成效，提升了移民的生活质量，增强了他们的心理认同感。

在经济建设方面，由于重点国有企业集中程度高，北京在国有大企业总部就业上具有较好的就业机会和突出的岗位优势。然而需注意的是，尽管经济收入水平高，但北京的生活成本也很高。巨大的生活压力，导致一些移民难以对北京产生心理认同感，故常产生逃离北京的想法。

在社会保障方面，通过兴建保障房和进行公开配租，北京市政府为经济状况较差的移民提供了居住的空间，使他们有房可住，有"家"可依。北京市政府还提高了失业保险金最低标准及职工最低工资标准。这些工作成果使北京市的社会保障水平得到了进一步的提高，在一定程度上为移民的生活提供了保障，增强了移民的安全感。

在宜居城市建设方面，便利的交通和丰富的业余生活，能使移民在忙碌、快节奏的工作之余放松心情，收获心灵的满足感，提升生活幸福感。同时，北京城市环境的改善，能对提高移民心理认同感产生积极的作用。

较高的收入水平和福利待遇的提升，能加快移民们融入北京文化的速度，同时提高移民们在北京生活的幸福感和心理认同感，从而增强他们对北京的文化认同感。但同时也要注意到，大部分的移民是没有北京户口的，面向居民的失业保险金和最低生活保障标准并不适用于他们，这无疑对移民们的文化认同感产生了消极影响。

第三，价值认同及其影响。价值认同主要体现在移民们对北京的人生价值观、婚姻价值观、职业价值观和道德价值观等的认同上，是文化认同深层次的观念基础。

在人生价值观方面，调查研究表明，北京最吸引移民的是经济因素。[①] 第六次全国人口普查数据显示，湖北、安徽、四川、河南、河北、山东和黑龙江这七个省是北京 65.7% 移民的来源地，而这些主要来源地的人均可支配收入均没有达到北京一半的水平，巨大的收入差距导致移民们对经济高度繁荣发达的北京充满了向往。有利于个人发展是北京吸引移民的第二个原因，如就业机会多、能学到较多的个人工作技能等。而北京作为首都所具备的独有的丰富行政地缘优势，如教育资源丰富、医疗卫生资源丰富、社会福利多和救助标准高等，是吸引移民的根本原因。由上述可知，移民们来北京最主要的原因是希望可以在这座城市里充分发挥自己的才能，他们更注重个人价值的实现而不是社会价值的实现。他们怀抱希望而来，最后可能不得不向现实低头，铩羽而归。人生价值难以实现，令这些移民对北京的价值认同感不高，从而影响了其对北京的文化认同感。

---

① "北京城市流动人口移民倾向和行为研究"课题组，尹志刚. 北京市常住流动人口的移民倾向和行为调查研究［C］//北京市社会科学界联合会，北京师范大学. 2008 学术前沿论坛·科学发展：社会秩序与价值建构——纪念改革开放 30 年论文集（上卷）. 北京：北京师范大学出版社，2008.

在婚姻价值观方面，高颖、张秀兰指出，北京新移民在婚姻匹配过程中出现了明显的"分层"现象：具有高学历、高职业层级的移民，普遍愿意与同类型的移民结合；而位于学历和职业层级低端的移民，大多会选择与本地人进行结合。① 上文曾提到，智力型移民有较强的留京意愿和决心，当他们结合时会进一步强化这种意愿并促进彼此对北京的文化认同感。另外，当位于学历和职业层级低端的移民和本地人组合成家庭时，他们会更快地融入北京的生活，进而增强了文化认同感。

在职业价值观方面，近年来在北京的新移民中存在着越来越多的智力型移民，这些移民拥有高学历的教育背景，可选择的职业种类众多，他们会倾向于把自身的发展当成最高的追求目标，对自身的职业前景非常重视，这样的移民往往会选择留在经济发达的北京，为了实现自身的职业目标和价值追求不懈地奋斗拼搏。因此，他们对北京的价值认同会比较高。对劳力型移民来说，由于自身学历和知识水平低，他们可选择的职业种类很少，职业对他们来说更多只是一种谋生手段。而经营型移民有自己的投资和产业，他们希望以此来获取更多的利润，在他们看来职业更像是一种赚钱的工具。因此，劳力型移民和经营型移民在职业价值观方面对北京的价值认同和文化认同较低。

在道德价值观方面，"朝阳群众"便是北京道德精神一个很好的代表。无论是引起社会舆论关注的明星涉毒案件，还是街上的小偷小摸行为，都活跃着"朝阳群众"的身影，他们通过向警方积极举报而使这些危害社会的违法犯罪行为得到打击惩治。这样的道德价值观能使移民

---

① 高颖，张秀兰. 我国特大城市人口结构特点及变动趋势分析——以北京为例 [J].人口学刊，2016，38（2）：18-28.

感受到北京民众的正义感，从而产生一种道德认同感。但同时，北京快节奏的城市生活使得每个人都在为了自己的生活奔波，无暇顾及他人，从而在一定程度上造成了社会上人情味的缺失，导致移民无法感受到这个城市的温暖。

3. 促进北京新移民文化认同的对策

作为北京经济建设的坚实力量，北京新移民对提高北京市的综合竞争力具有重要意义。如果移民们对北京的文化认同感不高，会使他们的工作效率大打折扣，从而影响到北京经济社会的发展。因此，针对新移民存在的文化认同问题，可以从加强新移民的经济保障、完善其制度保障和为其提供精神保障这三方面来着手解决。①

第一，加强经济保障。北京可以为新移民提供良好的工作机会与成长空间，但近年来随着经济发展的不断转型升级，劳动密集型产业逐渐被淘汰，一些从事底层简单工作的移民失去工作和生活来源，背负巨大生活压力的移民继续在北京生活成为问题。

经济基础决定上层建筑，工资收入是移民延续他们在北京生活的重要保证，也是移民获得身份认同，进而增强文化认同的一个重要因素。北京市政府要不断增加就业岗位，提高移民的工资收入水平，为广大的移民获得城市身份提供政策支持，从而提高他们的身份认同和文化认同。

第二，完善制度保障。北京已经进入了老龄化社会且老龄化的程度日益加深，为了经济社会的健康发展，需要不断吸收新的年轻劳动力，

---

① 刘志山，王杰. 移民文化流动性特征、影响及对策 [J]. 深圳大学学报（人文社会科学版），2016，33（2）：31-34.

在维护首都功能的正常运行和 2020 年保持常住人口在 2300 万的前提下，需要完善制度保障，尤其应对户籍制度进行改革，放松对高素质年轻人才的落户管控，在填充年轻劳动力的同时，也可以使人尽其才，进一步促进北京经济社会的繁荣发展。

第三，完善社会保障制度。作为中国四个一线城市之一的北京，房价高昂，而房子是人们的必需品，不少移民可能终其一生也难以在寸土寸金的北京买到属于自己的房子，再加上缺乏北京户口带来的一系列不公平的住房待遇，这些都会给移民的生活和心理带来极大的不安感，更遑论对城市文化的认同感。故北京市应该针对没有户口的移民提供一些租房方面的便利政策，以使移民能够在这座大都市中获得"家"的安全感和归属感。

第四，完善教育保障。无论是举家搬迁的移民家庭，还是在北京定居生活、生育后代的父母，都希望自己的孩子能够和北京市民获得同样的教育条件，然而由于教育资源有限，很多城市都对非本市户口的孩子设置了入学限制，这种情况对希望孩子能够在大城市接受更好教育的父母来说是一种打击。北京市应该尽力为移民子女提供与城市的小孩享受同样优质教育资源的机会，这不仅能够提高移民的文化认同感，而且也可以提高城市整体的文化素质，为以后社会的发展提供人才资源储备。

第五，注意完善养老保障、医疗保障、失业保障及最低生活保障。养老保险能够为广大离退休人员提供稳定可靠的生活来源。然而移民具有流动性强的特点，导致移民在不同地方工作产生的养老保险的转接存在比较大的困难。为了使移民工作更放心，并能坚持在北京工作到退休的年龄，北京应该尽力出台一些针对移民的措施，使他们可以和本地市民享受到同等的基本养老保险，以便他们更好地融入北京的生活和文化。

"生不起病"更折射出了移民们在大城市对看病贵、看病难问题的无奈之情。北京市要进一步推进医疗保险制度的建设，使移民能够与户籍人口享受同等的医疗保障待遇，让移民能够病有所医，更好地保障和改善移民的生活，使移民感受到公平和正义。

移民在失去工作后，就没有了收入来源，由于没有北京户口，无法与当地市民享受相同的失业保险救助和再就业培训，需要政府施以援手，为他们提供必要的失业保险，同时也要为他们免费开展再就业的讲座和培训，以便他们能够再次上岗。在失业的低谷时期得到了帮助，就像黑暗中的一束亮光，能让移民充分感受到北京这座城市的温暖。

最低生活保障是为贫困人口提供的保证其家庭基本生活的一种生活救济。移民离开家乡安稳的生活环境，来到了繁荣的快节奏的北京进行打拼，当面临下岗失业时，不仅失去了生活来源也得不到任何的保障，这个时候便需要政府来为这些移民提供最基本的生活保障，使他们感受到北京的关爱，从而提升他们对北京的文化认同。

第六，提供精神保障。良好的社会生活环境，可以为移民提供便利的社交条件，从而让移民感受到生活的自由和精神的充实。北京应加强社区文化建设，譬如，可以在社区设立居民之间的交流接触平台，开展一些文化娱乐活动、联谊活动等，在丰富移民业余生活的同时，通过与本地居民的日常交流，能更容易地培养移民对本社区的归属感，从而增强对北京的文化认同感。

（二）上海新移民的现状及文化认同研究

新中国成立初期，人们离开自己的家乡去大城市打拼，是为了讨生活；改革开放之后，人们离开自己的家乡到大城市去发展，是为了成就更好的自己。这群离开自己家乡的人们，无论出于什么原因，成了别人家乡的外来客，构成了现代新移民。他们背井离乡来到一个新的城市工作，成为这座城市发展的重要力量，但是出于种种原因，他们有的难以融入和认同城市的生活方式与思想观念，如上海的部分新移民。因此，有必要就此问题进行探讨。

1. 上海市新移民的现状

移民是进入或者离开一个国家、地区、城市的迁移行为和流动人口。移民和新移民主要是以我国改革开放这一时间点作为划分的，因此上海市新移民特指在改革开放之后选择到上海发展的外来人口。在我国近十年移民迁入城市的排名中，上海市每次都能排进前三名，换句话说，上海市是当之无愧的移民城市。从数据上看，上海市常住人口在近十年来翻了一番，其中外来常住人口增长迅速，成了上海常住人口的主力军。从总体上看，上海外来移民的现状呈现出以下几个特点。

第一，移民主要居住在中心城区。资料显示，上海市新移民集中居住在中心城区和经济相对发达的地区，这里拥有较多的就业机会和完善的生活基础设施，因此中心城区的新移民人口密度是最大的。然而随着上海的经济转型，新移民集中居住的区域逐步向近郊区转移，部分向远郊区转移。

第二，移民年龄以劳动年龄为主。新移民来上海发展的直接原因是经济方面，归根结底是为了谋求更高的经济收入，因此，很多新移民的年龄在18岁到58岁，以青壮年为主。

第三，移民来源地相对集中在华东地区。上海新移民来自全国各地，增量主要来自华东地区。从上海市第五次人口普查的数据看，新移民迁入省份排名前三的是安徽、江苏和浙江；从上海市第六次人口普查的数据看，新移民迁入省份排名前三的是安徽、江苏和河南。两次普查的结果显示迁入上海的新移民主要来自安徽，且其增长是最快的。这一现象也说明，随着江苏省和浙江省的经济发展，两省人民更愿意留在家乡发展，所以近年来这两个省份迁移到上海的数量也在不断减少。而一些交通便利但是经济发展程度低的，特别是以农业为主的省份，如河南省、四川省等，迁移到上海发展的人口数量明显上升。

第四，新移民受教育程度不断提高。引起这一变化的原因主要有三方面：一是第一代新移民随着年纪的增长逐步退出了劳动队伍；二是更多的新移民来自大学生队伍；三是九年义务教育的普及，极大地降低了教育的成本。数据显示，2010 年上海新移民中拥有大学本科学历的人口是 2005 年的 3 倍。但是从总体上看，新移民的文化程度还有待提高。

总的来说，上海市新移民主要来自农业发达的省份，由于受教育程度和劳动技能等方面因素的制约，所以他们主要从事技术含量较低的职业，以服务行业为主，大多是较为艰苦的工作岗位。在这样的现实情况下对这些外来移民的文化认同进行研究，对他们的处境做出准确的判断和定位是十分必要的。

2. 上海新移民文化认同存在的问题及其原因

从对上海外来移民的现状分析中，我们可以明确地知道来沪打拼的新移民对上海的经济发展做出了巨大的贡献。一定意义上，随着上海市民的老龄化加剧，这群青壮年新移民成了上海在新时代继续扬帆起航的中坚力量。从任何层面来说，新移民来到一个新的城市发展，无论他们原本的文化血液、文化传统和文化习惯是什么，无论是出于被迫还是主动来到这个城市，都必须对这个全新的文化环境做出一定程度的适应，其间难以避免地会出现这样那样的问题。以下从四方面分析和讨论上海新移民在文化认同的过程中存在的问题和原因。

第一，现行户籍制度不完善，新移民难以获得对上海的身份认同。新移民的身份认同是移民文化认同的基础，户籍制度是新移民获得身份认同的直接因素，因此，户籍制度的设计是否能够满足新移民的需要是一个关键的问题。

从上海市户籍改革的历程看，上海市的入户门槛较高，难以解决大量新移民获得上海市正式身份认可的问题，而这一结果直接导致了对新移民就业、教育和社会保障的巨大影响。① 不完善的户籍制度使社会不公平现象加剧，降低了新移民的归属感。

首先，户籍制度在很大程度上限制了新移民获得更好的就业机会，同工不同酬现象加剧，再加上对非户籍人口的歧视使得用人单位大大削减了对新移民的就业晋升机会，新移民获得好的工作岗位受到户籍制度的直接限制。其次，现有户籍制度限制了新移民子女获得更加公平的教育机会。教育资源分配不均使得社会阶层分化加剧，原本新移民的受教育水平就相对较低，再加上子女没能在上海接受较为公平的教育资源，使得新移民的生活水准难以提升和就业状况长期得不到改善，同时，还会进一步加大社会的贫富差距，加剧社会矛盾。② 最后，户籍制度限制了新移民获得与户籍人口相同的社会保障的资格条件，这对新移民来说

---

① 顾秀丽. 渐进决策模型在户籍制度改革中的应用——以上海"居住证转户籍"政策为例 [J]. 科技创新导报，2014，11（11）：167-170.
② 张志超. 上海户籍制度研究（1949—1958 年）[D]. 上海：上海师范大学，2015.

是急需解决的迫切问题。

目前户籍制度的改革未能满足新移民在上海这个城市的身份认同，且经济的发展不断加剧了社会不公平，使得社会矛盾越来越突出。

第二，新移民难以获得对上海的心理认同。户籍制度的不完善造成新移民的心理认同缺失。心理认同是获得文化认同的重要条件，其中，心理认同的重要指标是归属感。

资料显示，新移民的社会融入程度较低，缺乏对上海文化的心理认同。从上海市新移民的现状可以得知，新移民中仍有大量受教育水平低下的农民工，主要从事体力劳动，特别是在服务行业中。这部分人的生活比较单一，在工作之余主要是休息，然后是上网和看电视。由于他们有很多来到上海是跟随自己老乡的队伍来的，因此他们居住得也比较集中，生活中接触的人群也主要是自己家乡的人，只有少数人会在休闲时间里找当地的朋友活动。这群农民工在工作的过程中如果遇上了问题，也会第一时间请求家人或者老乡的帮助，而不会倾向于借助社会组织、政府部门或者当地朋友的协助。在这种情况下，他们对当地朋友的信任度都不够，更不用说积极参加社区里既有本地人又有新移民的各种活动了。可见，很多新移民在上海的社交圈子是比较窄的，而且在日常生活中主要和熟悉的老乡和同事交往，并不主动融入本地人的圈子，也对本地人的生活方式保持很大距离，缺乏对上海的归属感。

总之，造成新移民缺乏归属感的主要原因有三：一是长期受到本地人的歧视以及户籍制度造成的制度性制约，使得新移民的社会融合程度相对偏低；二是子女难以获得平等就学机会以及长期和未随迁家人疏离，使得新移民缺乏归属感；三是房价高，新移民中超过八成都是以租赁房的形式居住在上海，无恒产者无恒心，故缺乏归属感。

第三，价值冲突使文化认同问题加剧。价值认同是文化认同深层次的观念基础。以下从人生价值、道德价值、职业价值和城市精神四方面分析新移民在文化认同的过程中遇到的困境。

人生价值取向出现个人化倾向。人生价值是个人价值和社会价值的统一体。① 随着经济和科技的发展，特别是随着上海经济的突破性发展，并在各种社会矛盾的交织影响下，新移民受到了来自国内外多元价值观念的强烈冲击。在人生价值取向中部分新移民认为个人价值高于社会价值，不利于科学的人生价值观的形成。一方面，中壮年新移民来到上海的直接目的就是获得更好的经济报酬和就业机会，但是在激烈的市场竞争环境下，人们承担了更多的经济压力和更大的风险，现实的经济情况往往倒逼他们去重新思考人生的价值问题。② 在工作上得不到用人单位的正向反馈，在生活中便通过空闲时间上网，受到了大量不良价值观念的影响，使得他们逐渐对科学合理的价值观失去了信任，逐渐将实现自我价值、获得更多的经济利益作为实现人生价值的巨大驱动力。"何以解忧，唯有暴富"这样的流行语便开始作为人生的信条指导他们的社会行为，从而带来了价值观的扭曲和变形。另一方面，新移民的子女们在不公平的教育资源、社会歧视的影响下，早早就了解到了人生的艰难和残酷。有着正确价值观的少部分人能够正视社会的不公平性，并且通过开发自己的潜能和通过不懈的努力，在社会阶层的阶梯中努力攀登，实现自我价值，并能深刻体会到个人价值的实现必须伴随着社会价

---

① 杨仕奎. 人生价值的多元考辨［D］. 曲阜：曲阜师范大学，2003.
② 李丽环. 当代人生价值问题的哲学反思［D］. 秦皇岛：燕山大学，2010.

值的实现。但是还有一部分人在社会资源分配不公、经济大转型的大背景下迷失了自我，在对自身发展的迷惘和对社会发展的不满中自暴自弃，彻底割裂了个人价值和社会价值，并以实现个人价值或是自我利益为人生价值的最大追求，甚至不择手段，不惜违反法律，伤人害己，给社会的有序发展带来巨大的伤害。

造成上述问题的原因有两方面：一是在社会大转型的背景下出现的社会变迁使得很多新移民的社会观念出现了较大的变化，并伴随着人生价值取向的变化表现出来；二是很多新移民对自身的把握不足，无论是教育程度普遍较低还是对上海的归属感薄弱，都使得他们在社会滚滚洪流的影响之下无法把握价值观判断的基准和底线，在激烈的生存竞争中失去了人生的方向。

道德价值取向出现利己化倾向。道德价值取向是个体在自身的价值观体系中，根据道德的需要，判断社会现象是否符合道德评价的态度取向。① 从某种程度上说，这一取向受到社会现实利益取向的影响，实质是个体的需要和利益的内化。

道德价值取向中出现利己化倾向，导致新移民行为和认知出现较大的偏差，不利于合理的社会关系的构建。社会的发展带来不同国家和地区多元文化的交流和碰撞，同样带来了不同道德观念的交流和碰撞。在观念的高速流转中，人们在现实道德问题的判断上出现了较大的混乱。生产方式和交换方式的变革带来了社会的巨大变迁，市场经济体制下新移民在上海奋斗的过程中充分发挥了自身的潜能和创造的才华，但现实

---

① 张育. 社会转型背景下新生代农民工价值观发展现状及教育引导研究［D］. 天津：天津商业大学，2013.

给了他们一个巨大的打击。在新移民的观念中，他们背井离乡来到这个认为靠艰苦奋斗就能实现人生价值的大城市，却在多年的奋斗之后仍在不确定的生活状态中原地踏步。于是，在他们生活中出现的反差和冲击，无论是价值观念的颠覆、思想的混沌还是秩序的破坏，都导致了他们行为和认知的失衡。[①] 这种失衡的表现在于他们希望人与人之间的交往是诚信的，自身对待他人却常常缺乏诚信；他们希望大家都能够在日常生活中井然有序，自身却想方设法在生活中插队；他们希望和邻居之间和谐共处，但是自身在和邻居的交往中剑拔弩张，从不肯做出让步；他们知道生活的挫折在所难免，但是在自身遭受挫折的时候一蹶不振，还戏称"佛系"。

造成新移民道德价值取向的利己化，即对道德现象的道德评判标准私人化的重要原因主要在于网络传播带来的负面影响。一方面，网络社会使得信息传播和交流更加便捷，但是"键盘侠""喷子"无处不在，四处宣扬他们偏激的道德评价使得本就在迷惘中徘徊的新移民仿佛看到了"标准答案"，没能对自己和社会之间的矛盾做出理性的分析，产生了观念上的偏差；另一方面，网络的发展使得人们之间的交往虚拟化，人与人交往的媒介更多地依靠手机和电脑，他们在网上知晓社会道德问题，并以此为根据做出冲动的判断，无法正确辨别其中的真伪并进行思考，基于自身的经验和网友言论的刺激便做出利己化的判断。

职业价值取向出现功利化倾向。职业价值观是个体对于职业选择和职业评价的态度和看法的倾向。我们可以知道，新移民来到上海最直接

---

① 易永卿. 当代中国城市化进程中外来务工人员道德观念的嬗变及其引导 [D]. 长沙：湖南师范大学，2014.

的原因是就业和自身发展的需要，同时，大部分新移民由于文化程度较低，集中就业在第二产业和第三产业，职业生活比较艰苦。但是随着科技的发展以及经济转型的需要，工作方式也发生了很大的转变。从传统的体力劳动到机械化生产的转变使得新移民必须提升自己的工作能力去适应社会对他们的要求。工作方式的转变自然而然带来职业心态的转变，从勤奋致富到投机致富，新移民在职业价值取向中越来越功利。调查显示，上海新移民选择职业的最大标准在于薪酬，而只有少数人会关心该职业的发展前景和潜力。

城市核心价值出现被淡化的倾向。上海的城市精神是上海文化发展的灵魂，是推动经济发展的精神动力。新移民对城市精神的认可度是上海市蓬勃发展的重要精神动力，是新移民在上海获得心灵归属感的重要体现，也是新移民不断发挥自身潜力和创造力从而为上海输入更加新鲜发展血液的重要方面。"海纳百川、追求卓越、开明睿智、大气谦和"是上海的城市精神，但是这一精神暂时没能得到大部分新移民的认可。不可否认的是，大部分上海新移民对城市精神采取忽视的态度。他们在生活的奔忙中，关注这个城市的角度非常功利化，在价值观的取向上体现得非常明显。① 另外，城市精神和新移民之间的关联度薄弱也是造成新移民忽视上海城市精神的一个重要原因。从社区活动参与度上看，很多新移民从来没有参加过社区活动。从文化活动的类型上看，不少新移民一年内只去过一次图书馆或者博物馆，有的甚至没有参观过任何一个图书馆或者博物馆。

第四，新移民的自身文化能力较低影响其文化认同。文化能力是衡

---

① 朱晨凯. 城市需要什么样的精神 [N]. 宁波日报，2018-08-09（10）.

量新移民对不同文化的学习能力的最重要标准。从数据上看，新移民的文化程度虽然有所提升，但是总体来说还是偏低的，因此他们大多从事技术含量较低的第二、三产业的工作，虽然也能获得必要的经济收益，但是市民化的程度非常低。他们中只有较少部分受教育水平高的人才会主动融入和适应上海的文化和风俗，很多人都采取一种互不干涉的态度。再者，从新移民生活的半径来看，他们将空闲的时间大部分用来休息和上网，将自己置于与他人相处的虚拟空间中，没能真正融入上海市民的生活圈子，文化能力和水平也不能得到相应提高，更谈不上文化认同感的增强。

3. 针对文化认同现有问题的举措

众所周知，户籍制度的不完善是上海新移民获得身份认同的制度性障碍，同时，这也是一个最难解的"中国结"。因此，我们都要正确对待在户籍制度改革过程中相互缠绕的复杂关系，努力寻找一个最优解决方案，给新移民一颗长期发展的定心丸。除此之外，还要加强社区的建设，让新移民更多地参与到社区活动中去，推动他们的市民化进程。更重要的是要加强社会主义核心价值观建设，大力弘扬上海城市精神，令新移民从生活的点滴中发现上海的美，真正爱上上海。

第一，推动户籍制度改革，增强新移民的归属感。上海市政府要争取在制度的层面上进行改革，增加新移民的归属感。户籍制度的改革要朝着更加完善的方向发展，将政府的理性和公众的诉求结合起来，更大范围地覆盖居住证制度，给予新移民拥有上海户籍的希望。① 让所有到上海发展的新移民都能共享上海市发展的成果，使新移民真正把上海当

---

① 孙晓燕. 完善上海引进人才居住制度［D］. 上海：上海师范大学，2015.

作自己的家乡一样看待，让新移民能够共建城市现代文明。

推进上海市户籍制度的改革，令新移民真正成为上海人的一分子，让他们的子女能够获得平等的教育机会，让他们安家落户，是增强他们对上海归属感的好办法。同时，也能够提升他们的生活自信，能帮助他们更好地融入上海人的社交圈子，也更愿意参与社区活动，进一步增强他们对上海的归属感。

第二，加强社区建设，加快推进新移民市民化进程。社区是新移民生活的落脚点，也是服务他们的切入点和突破口，对于新移民融入上海现代化城市生活至关重要。一个社区如果能够充分发挥其桥梁作用，则能极大提高新移民的文化认同，推进他们的市民化进程。如完善社区的环境可以增加新移民参与社区活动的意愿；便民性质的公共服务可以让新移民感受到上海的温馨和贴心，加快他们融入当地人生活的步伐；降低社区参与的准入门槛同样有利于新移民进入社区生活，推动本地市民和新移民的交流沟通，拉近彼此的距离。

实际上，新移民的市民化进程不仅要通过自身的努力，还需要相关部门采取相应的措施。社区应该认清新移民的融入需求，提供有针对性的免费培训，既包括专业管理培训，也包括文化习惯的培养。同时，社区应该提高自身对新移民的包容和接纳的程度，鼓励他们参与社区管理和服务组织，为新移民营造良好的氛围，推动市民化进程。

第三，加强社会主义核心价值观建设，弘扬上海城市精神。新时代，新移民的价值观呈现出多样化的特点。新移民作为上海市经济建设的主力军，引导他们追求和选择科学合理的价值观是经济建设和精神文明建设的需要，同时也是自身发展的需要。

为此，要大力倡导社会主义核心价值观，令新移民认识到一个科学合理的价值观对人的发展有巨大的推动作用，帮助新移民厘清自我价值和社会价值的关系，才能真正实现自身的价值。同时，要大力弘扬上海城市精神，增强新移民对上海精神的认同感。弘扬上海精神要以一种切实的正向生活反馈作为重要方式，而不能流于表面。只有新移民发自内心认为上海的城市精神是贯穿于工作生活的方方面面的，给他们一种真实的获得感，才能觉得未来在上海的发展是光明的、有前途的。

大力弘扬上海城市精神，要将城市精神和文化建设结合，打响"上海文化"品牌，令新移民由心出发认同，由行动出发践行。要大力发展图书馆、博物馆、展览馆的建设和宣传，鼓励新移民积极参加文化活动，更好地了解上海的文化内涵和文化底蕴，并能够增强自身的文化修养，从文化参与中体会上海文化。同时，要大力提高市民的文明素质，从社区出发，倡导文明的现代化生活观念，从垃圾分类这样的小事情做起，从文明生活的方方面面做起，令新移民在每一天的生活中都践行上海的城市精神，令精神的要义转化为扎实的行动，内化表现为文明的素质，从而使得新移民对上海精神的认同转化为举手投足之间的行为，令他们成为上海市民的一分子，真真切切增强他们对上海的归属感。

第三节　促进移民文化认同的主要策略

当前，在移民与移民城市方面，很多人已经意识到移民的文化认同所具有的积极意义和价值。但需要注意的是，当前移民文化认同存在着一些阻碍，导致移民文化认同出现了问题。为回应相关问题，这里对促进移民文化认同的主要策略进行探讨。

一、重视并积极利用促使移民文化认同的关键要素

促进移民个体融入移民社区是当代移民城市治理过程中的重大课题。不同的角度会解决不同的问题：从政治的角度，可以实现移民从"身份"上融入移民社区；从经济的角度，可以实现移民从"分工"上融入移民社区；而更为重要的是从文化的角度，可以实现移民从"认同"上融入移民社区。可以说，如何实现移民从文化认同的角度融入移民社区才是关键一环。文化认同的根本在于价值认同。因此，探讨移民社区的价值问题，是解决移民认同、移民归属和移民融合等一系列问题的根本途径。

不同个体和不同群体所追寻的价值不尽相同。如何寻求不同个体在价值追求上的"最大公约数"，如何确认不同群体在价值上的共识，已经成为移民社区形成、发展和治理过程中必须解决的重大问题。移民原生文化的差异形成的移民社区多元文化和多元价值的氛围，使得凝聚核心价值观变得重要且必要。不管是在理论层面还是在实践层面，友善应当而且能够成为移民社区的首要价值。做出这一判断，主要是因为友善作为移民社区的首要价值体现了普遍性与特殊性的统一，其普遍性在于是凝聚社会共同价值的统一要求，其特殊性在于是促使移民文化认同的关键要素。

（一）普遍性：凝聚社会共同价值的统一要求

历史变迁和社会发展一再表明，只有建立某种共同价值，国家才能

形成维系精神世界的纽带，社会才能凝聚强大的向心力。首先，从历史发展的角度来说，长期以来，友善作为一种价值观念被不同时代的人们普遍接纳并认可。儒家伦理中所倡导的"己欲立而立人，己欲达而达人"的仁爱之道和"己所不欲，勿施于人"的忠恕之道已经成为无数仁人志士的价值追求；"与人为善""和为贵"的朴素价值观念也成为普通民众在日常生活中一以贯之的生存哲学。时至今日，社会发展欣欣向荣、经济增长突飞猛进、科技革命日新月异，但是，友善作为一种社会共同价值观的地位始终没有动摇，仍然成为全社会共同追求的价值观念。可以说，友善作为一种价值观是具有历史传统的，是中华民族矢志不渝的共同价值，是对全体中国人的普遍要求。其次，从社会现实的角度来说，当前，从更高层次和更大范围内，我们确立了社会主义核心价值观作为全社会所共同遵循的价值观念。其中，友善被确认为社会主义核心价值观之一，不仅仅是有助于个体品德发展与道德修养，同样，也会对社会关系的调整和社会风气的优化有促进作用。友善作为一种核心价值观，一方面指引人们人格的完善和公民道德的培育，另一方面引领社会关系和秩序的优化。从这个意义上说，友善作为社会共同价值的统一要求，对于移民社区的价值凝练同样具有启示意义。

马克思从形而上的高度揭示了人的社会性，他指出，人的本质不是单个人所固有的抽象物，在其现实性上，它是一切社会关系的总和。友善能够成为一种社会普遍接受和认同的共同价值，从根源上说也是由人的社会性决定的。人的社会性决定了个体必须与他人发生联系，而建立社会关系的价值基础就是彼此的尊重和理解，也就是友善价值观。人的社会性具有普遍意义，友善作为共同价值同样具有普遍意义。概括起来，从普遍性的角度来说，友善作为共同价值，是全社会共同的价值追求，也应当成为移民社区在价值上的共识。

（二）特殊性：促使移民文化认同的关键要素

移民社区的形成是建立在移民身份认同的基础之上的。从迁出地到移居地，移民个体或移民群体都经历了地域的转换，会面临身份认同的问题，这与文化差异、制度差异以及心理落差等因素有关。在诸多价值中，友善是最能唤起个体道德情感的，是增强个体归属感与认同感的重要价值之一。我们甚至可以将培育友善价值视为促使移民文化认同的关键要素。

倡导友善价值有助于推动移民对移民社区的文化认同。首先，移民社区通常是"陌生人社会"。不同于"熟人社会"的人与人之间的关系以血缘关系为纽带形成的关系网，移民社区的人际关系更多是由业缘关系形成的。在"熟人社会"的关系网络中，人与人之间的友善是"自然的"，是不需要刻意要求和培养的。建立在情感基础上的友善，促使个体对"熟人社会"所形成的文化有天然的亲近感，也会形成较强的文化认同。反观移民社区，失去了以血缘、情感为纽带的联结，个体对整体的依存度下降，个体的独立性增强。近年来，一些"社会冷漠"事例在城市中时有发生，引起了广泛的社会关注和讨论。"社会冷漠"事件的发生，归根结底是因为个体在社会生活中没有建立强有力的价值认同，没有形成一致的价值观念，从而在行为方式上表现出对他人漠不关心，对社会冷眼旁观。而倡导友善恰恰能从根源上解决这一社会问题，从而避免一些极端案例的产生。其次，友善作为一种价值观是内在善与外在善的统一。与其他价值观相比，友善在价值指向上既有内在指向性又兼备外在指向性。个体建立友善价值观，既可以帮助个体提升道德修养，又可以促使社会整体形成良好的道德风尚。可以说，友善不仅能够让个体感受到内心的充盈，而且能够促使个体与他人建立起和谐的社会关系。友善最能激发人们内心深处的道德情感，能在最大程度上引发人们对共同善的追求。最后，创建和谐、共荣、共生的文化氛围是移民社区建设的重要目标。社会是由个体构建的共同体，个体与个体之间的联结构成了社会关系的主体。每个个体都能以友善的态度和友善的方式去处理与他人的关系，社会整体的氛围自然就会变得和谐，从而能够推动整体社会形成和谐、共荣、共生的文化氛围。

移民社区从无到有、从形成到稳定，需要一个较为漫长的历程。在这一过程中，移民文化的形成与兴盛是移民社区逐步稳定的关键所在。我们所倡导的友善价值，就是要在凝聚移民文化，形成文化氛围上发挥作用，就是要建立移民文化的价值基础。移民文化所独具的开放包容的特性，也为友善价值"落地生根"创造了良好的外部条件。因此，从特殊性的角度来说，由于移民社区的社会关系和社会结构的特殊性，友善作为首要价值更凸显了其重要性。

友善作为移民社区的首要价值，有其重要的现实意义。其一，友善是现代人必备的价值之一。当今世界正处于现代化的浪潮之中，现代化的重要标志之一就是城市化进程。大量的农村人口正在迁徙至各个城市，城市人口不断聚集，形成了大量的移民社区。从现代化的角度去审视移民社区的价值问题，更能显示出其重要价值。因为人的现代化才是现代化的关键所在，正如英克尔斯所言，那些先进的现代制度要获得成功，取得预期的效果，必须依赖运用它们的人的现代人格、现代品质。

友善可以帮助个体在短时间内建立与他人的联结，更好地完成现代社会所必需的合作与分工，促成现代市场经济环境下的信任与诚信。因此，友善作为移民社区的首要价值，也必然会成为现代人的价值基础。其二，友善是文化迁徙与文化再生的重要价值基础。移民的过程伴随着文化的迁徙与再生，也伴随着价值的传承与发展。不同文化在迁徙过程中存在文化差异的问题，但某些共同的价值观念在促使文化融合过程中发挥着重要作用。友善以其强大的生命力和广泛的适应性，成为不同文化之间的共同价值，搭建起文化构成的价值桥梁，推动了文化在迁徙中的融合与再生。总之，友善作为移民社区的首要价值，其重要意义不言而喻，更为关键的是如何在移民的动态过程中培育友善价值观，这可能需要经济、政治、教育等更多的要素参与其中，并且这一过程也注定是漫长的。

二、提升公民参与公共生活的积极性

对移民城市而言，如何让移民积极参与本城市的公共生活，促进移民的融入及移入城市的健康、持续发展，是一个重要的问题。在这方面，共和主义的相关观点值得我们借鉴。张凤阳认为，为了保证个体的公共性，共和主义以公共性为中轴提出了两个方案。一是"德治"，强调积极进取，即如何通过教化与教养，引领个体将公共善置于个人善之上；二是"法治"，侧重消极防卫，即如何通过相关的设计与规划，防范公权成为操控在个别人或者个别集团中的私器。具体而言，它又是从四个维度展开的，分别是实质性的参与、提供互动的平台、制定良善的法律以及让法律成为公民美德的供给手段。

（一）让移民实质性地参与政治生活

共和主义论者认为，实质性的参与对个体参与积极性的提高极为重要。他们认为，通过实质性的参与，个体能够较好地认识公共事务与公共规则，并且将自我利益与公共利益密切结合起来，最终增强其对公共利益的关怀。在某种程度上可以说，当个体必须参与协商过程中时，他们身上某些优良品质就会得到发扬。

在个体参与积极性的形塑方面，雅典人的观点是让接受政治教育的年轻人进入法庭和各种公共场合，让他们在这些场合中聆听辩论。通过这种方式，年轻人能够亲身经历司法与政治体制的运行状况。约翰·密尔（John Mill）更进一步，他认为，"促进公民美德和智慧的最好途径就是，让每个人和别人一样享有充分的公民权利，特别是让每个公民有机会在一段时间内轮流担任某些社会职务"。阿历克西·德·托克维尔（Alexis De Tocqueville）等人也持有这样的观点，他们认为，每个人都参加政府管理工作是培养个体参与积极性的最好办法之一。

在目睹法庭的状况与司法的运行时，个体可以学习辩论的技巧与法律的运用方式；在亲身参与管理时，个体能够学习管理的技巧并生成公共情感。因此，为提升移民参与公共生活的积极性，相关部门需要促使移民真正地参与政治生活。即，相关部门促使移民深深地嵌入政治生活的整个运行过程中，在实践过程中生成公民美德，而非仅仅让其作为政治活动的旁观者。借助这种实质性的参与，移民参与公共生活的积极性方能得以提高。

（二）为移民之间的互动提供平台

在亚里士多德的观念里，人口规模对公民身份而言是一个极为重要的因素。他认为，城邦或共和国的人口规模应该保持一个限度，唯有如此，个体才能紧密地凝聚在一起，以便"知道彼此的性格"，也"只有通过这种亲密关系，共同体结合所需要的真正兄弟般的公民身份——'和睦相处'——才能真正形成"。因此，个体之间的良好互动对于提升个体参与的积极性具有重要意义。

在促进个体之间的良好互动方面，共和主义论者主要提出了两种方式：个体活动的开展与小型公民组织的建设。共和主义认为，通过公民宗教、戏剧、公共节日以及庆典等方式，向个体灌输"公共的兄弟情谊"，有利于激发个体的爱国热情，增进民族的凝聚力。例如，在国家的特定纪念日，个体能够聚集在一起，展开一定的交流，从而增进个体之间的相互了解与情感。罗伯特·帕特南（Robert Putnam）认为，诸如邻里组织、合唱队、合作社、俱乐部以及大众性政党等一系列横向为主的人际沟通和交换网络有助于提高个体之间的信任、互惠、公共精神，以及为了共同利益而进行的合作等公民美德和社会资本。由此也可以看出，小型组织有利于个体之间的密切互动。

基于这样的思考，为提升移民参与公共生活的积极性，一方面，移入城市可以借助一些公共活动促进移民之间的互动。在社会生活中，国庆节、端午节以及相关的节假日都可以成为开展仪式性活动的载体。移入城市可以在这些日子里，设计一些活动，促进移民之间的互动与交流。除此之外，在普通的日子里，我们也可以通过一些公共事件促进移民之间的互动，如在各个单位间举办一场比赛活动。另一方面，移入城市可以建立种类多样的小型公共团体。社会中的小型公共团体，主要指的是依据一定目的组织起来的小群体，如各种兴趣协会等。移民可以根据实际的生活状况及兴趣等，建立诸如书法兴趣协会、音乐兴趣协会以及体育兴趣协会等。

（三）制定良善的法律

政治共同体中的法律对于个体的行为以及品格具有重要的影响。正如亚里士多德所认为的那样，好品格的培养需要法律支持的教育，因为法律是政治共同体中最具权威性的指令，恒久不变地形塑着人们的行动。在个体的积极性方面，恶法会损害个体的积极性，而良法则会保护甚至提高个体的积极性。因此，在公民美德教育中，他强调政治共同体需要留意借鉴和学习良法的典范，在共同体中制定良善的法律。

何谓良善的法律？研究者对这个问题的回答见仁见智，不一而足。比如，有研究者认为，良善的法律需要考虑民族性。而有的研究者指出，良善的法律应该坚持"守常"与"创新"的统一，同时保障人权与平等。还有人主张从形式与实质两方面论述法律的良善性，并指出，"良法是法律的形式良善性和实质良善性的统一"。本书认为，法律作为社会管理的一种工具或者手段，有着特定的目的，因而良法首先应该契合目的性。正如一些研究者所指出的那样，法律应该保持形式上的良善性，这些考虑多是从目的出发的。与此同时，法律最终指向的是活生生的个体，其不可忽视价值性的因素。对于人权与平等的保障以及出于民族性的考虑，法律的这些关照多是从价值性出发的。为促使移民积极地参与公共生活，相关部门需要检验法律，并促使法律的目的、具体手段等充分考虑移民的生活、特性等，保证法律对移民而言是"善"的而非"恶"的。

（四）让法律成为移民积极性的供给手段

长期以来，法律扮演着奖惩者的角色。在现实生活中，法律就像是一个固定的标准。按照这个标准，当行动者做出不恰当的选择时，法律便惩罚他，而当行动者做出恰当的选择时，法律便给予相应的奖励。在法律发挥奖惩作用时，行动与选择方案是既定的。法律"试图通过改变这些选择方案对行动者的有益性——也就是通过影响其动机——来影响他们的选择"。菲利普·佩迪特（Philip Pettit）认为，奖惩是"以出轨者为中心"的制度设计策略，它的基本假设是人们缺乏制约就会出轨。在这种状况下，无论是奖励还是惩罚，对于个体都带有一定的侮辱性。如果在这个意义上使用法律，法律只能防止"恶"的出现而无助于"善"的产生。

佩迪特提醒我们，法律除了奖惩功能，还具有筛选的作用，而这一点却经常我们忽视。所谓筛选，指的是在一个社会行动中，法律选择某些人而不选择另外一些人，提供某些行动方案而拒绝另外一些行动方案。可以说，"筛选通过行动者或选择方案的设置来发挥作用……换言之，它们旨在影响机会而不是动机"。这种方案是"服从者为中心的"制度设计，其基本假设是人们可能会腐败，但是在一开始，人们是倾向于服从的。在这种制度设计下，依照"奖惩之前的筛选""支持服从者的奖惩""建立对付潜在无赖的奖惩"这三个原则，法律制度可以有效地提升公民美德，成为公民美德的供给手段。这提醒我们，法律具有多种作用，我们应该注意把握这些作用并按照相应的原则进行使用。

依据佩迪特提出的三个原则，本书认为，相关部门在提升移民参与公共生活的积极性时，可以从以下三方面进行努力：首先，在奖惩之前进行筛选。假如宣传单位的方针政策是一个任务，我们首先做的并非惩罚那些不宣传的人，而是选择特定的人承担这一任务。其次，支持服从者的奖惩。在这种情况下，奖惩更多是以无意识的形式发挥作用的。具体而言，我们需要给予宣传单位的人以相应的尊重或者奖励。在某种程度上，这种尊重或者奖励是对其他不参与宣传之人的一种惩罚，而这种惩罚却并非有意。最后，建立对付潜在无赖的奖惩。对于那些一直不宣传单位相关信息的人，我们就应该对当事人施加惩罚，并且根据其不良表现不断升级惩罚，直至其离开这一岗位。由此可以看出，制度的筛选作用并不拒绝惩罚，只不过，它首要考虑的是保护可能服从者的积极性。

三、建构城市新移民文化认同的经济策略

据调查，人力资本、社会保险、住房保障等经济因素对城市新移民文化认同有着显著的正向影响，是城市新移民文化认同重要的解释变量。因此，建构城市新移民文化认同，可以采取如下策略。

（一）增加人力资本，提高收入水平

人力资本是"存在于人身上的知识、技能、体力（健康状况）价值的总和"，它虽然不能当作财富来转让、继承和买卖，但可以增加人的就业能力和竞争能力，提高人未来的经济收入，实现人自身价值的增值。对城市新移民而言，要提高在城市中的经济收入，增加人力资本积累无疑是非常重要的。

增加教育投资，提升素质水平。"教育投资是人力资本投资的主要部分"，是影响个人素质水平和就业质量的重要指标。在城市新移民中

有相当大一部分人仅有初中或小学文化水平，因此，移居城市后，由于学历限制可选职业非常有限，他们大多只能从事收入较低的体力劳动。这导致城市新移民经济地位较低，也在一定程度上影响其文化认同的建构。要改变这一情况，一方面需要增加教育投资，特别是在国家层面保证教育的财政投入不断增长，加大义务教育普及工作力度，在此基础上提高高中教育普及率及高等教育入学率。这从整体层面上保障了新移民移居前后都可以提高其学历水平，也在一定程度上缩小了其与城市居民素质的差距。另一方面，需要增加成人教育、电大教育、自考教育和在职研究生等方式，为新移民提供更多的学历提升路径，拓展其素质的可发展性和就业的可选择性，使其可以选择更好的职业，获得更高的经济收入，为其文化认同的建构提供有力保障。

增加技能培训，提升工作能力。工作能力是决定经济收入的重要因素，而技能培训则是提升工作能力的重要途径。在城市中，应发挥政府主导、企业主体和社会参与的联合作用，整合政府、企业、社会组织和市场机构等的培训资源，改变师资分散、各自为政、重复设置、供给与需求不匹配等技能培训现状，针对城市新移民设置专项职业技能培训规划，加大城市新移民职业技能培训的扶持力度。采取政府补贴培训、企业自主培训、市场化培训相互协调的三维培训模式，按城市人才的市场需求，对新移民进行就业技能培训、岗位技能提升培训和创新创业培训等，以提高新移民的工作技能和工作能力，使之找到更具技术含量的工作，或者获得工作岗位的晋升，同时也更好地胜任其工作，提高其在城市中生存和发展的经济能力。

（二）健全社会保险，促使工作稳定

社会保险是城市新移民的一种稳定器，它不仅可以确保城市社会和城市经济的稳定，为城市新移民提供稳定的社会环境，也可以为城市新移民提供养老、医疗、失业等基本保障，规避其在工作与生活中出现的部分风险。要提升城市新移民文化认同，健全社会保险，提升城市新移民的工作稳定性就非常重要。

扩大社会保险的覆盖面。社会保险是一种保障劳动者利益的社会制度。目前这一制度执行力度不够，一些用人单位或个人并未购买社会保险，导致社会保险参保率参差不齐，其中城市新移民参保率就处于较低水平。政府应从用人单位层面强制购买社会保险，切实做到凡用工必购买社会保险。与此同时，政府还应针对城市新移民的特殊情况采取有效措施，扩大社会保险的覆盖率。例如，降低社会保险门槛以适应城市新移民支付能力有限的情况；提高社会保险跨区域流转或变换额度等级的便利性以适应城市新移民流动性的特征，使其不至于因流动而造成退保或账户限制的状况；加强社会保险的宣传，让城市新移民充分认识到社会保险是其权利，而非减少收入的无用之物等。当城市新移民社会保险覆盖率提高，社会保险覆盖面会随之扩大，社会保险统筹层次也会上升，城市新移民抵御风险的能力自然更强。这就使其可以在城市中更加稳定地工作、生活，也更加稳定且持续地接受城市文化影响，建构文化认同。

加强劳动合同的完善性。劳动合同是确立劳动者与用人单位之间劳动关系以及明确各自权利和义务的契约，也是办理社会保险的重要依据和提升工作稳定性的重要条件。目前，城市新移民在劳动合同方面存在劳动合同签订率比较低、劳动合同内容不规范、劳动合同保护程度不高、劳动合同期限较短等问题。这些问题使得城市新移民的合法权益未能得到保障，工作不稳定性因素增加。因此，加强城市新移民劳动合同的完善性非常有必要，可以从如下三方面完善：一是强制要求所有用工单位必须签订劳动合同，提高劳动合同的签订率；二是设置劳动合同备案、审核部门，所有劳动合同都需要经由该部门进行专业审核，避免劳动合同出现内容不规范、保护程度不够、期限较短、同工不同酬等问题，最大化地保障城市新移民合法权益；三是加大劳动合同的监督执行力度，确保用人单位严格按照劳动合同法执行，严厉查处延长工时、劳动环境恶劣、拖欠和克扣工资以及其他违反劳动合同，损害新移民利益的问题。通过以上三方面的完善，可以提高劳动合同的保障，提高工作的稳定性，推进城市新移民文化认同的建构。

（三）增加住房保障，缓解住房压力

住房是城市新移民移居城市必须面对的基本问题。本次调查数据显示，有81.6%的新移民认为没有购房是其融入城市、建构文化认同的主要阻力之一。由于支付力不足，城市新移民只能通过租住、借住、单位包住以及其他方式来解决居住问题，但这些居住方式难以体现"居住属性"和保障"相关权益"。因此增加住房保障，改善住房条件，增加住房补贴，提高住房支付能力，缓解住房压力，成为重要的经济策略。

增加住房保障，改善住房条件。新移民是推动城市发展的重要力量，将他们纳入城市住房保障规划是城市发展的必然趋势。在规划中，首先保障房源充足，政府可在财政承受范围内，加大政府公共住房建设投资，制订城市公共住房发展规划，逐步推动廉租房、公租房、经济适用房等住房保障项目向新移民开放，增加新移民对城市住房的可及性。与此同时，通过税收、土地等优惠政策，鼓励企业充分利用自身资源建设或租赁员工宿舍、公寓，为城市新移民提供住房资源。鼓励市场主体参照保障性住房的品质，开发城市新移民住房租赁市场，为其提供更多住房选择。其次，在规划中，改善居住条件，加强城市保障性住房、企业自建或租赁房屋、市场各类房源的管理和规划，严格规范房屋卫生、安全、环境、质量等基本条件。除此之外，对于新建保障性住房和企业自建房源，还需要合理解决住房位置、空间隔离、房屋结构、交通便利性、物业管理水平、混合居住等问题，充分保障城市新移民住房的各项福利，使其获得更好的居住体验。总之，通过增加住房保障，改善住房条件，不仅让新移民在城市中有房住，而且还是有品质、有保障地居住。

增加住房补贴，提高住房支付能力。无论是无力购房，还是现有居住方式不确定，主要归因于城市新移民支付能力不足。对此，可以从需求和供给两方面增加补贴，提高城市新移民住房支付能力，以此缓解其住房压力，增强对不确定风险的抵御能力。在需求方面，政府可以根据新移民的移居年限、学历水平或累计积分等不同档次，进行阶梯式赋权，提供租房补贴、购房补贴或给予优惠折扣等，直接补贴城市新移民，以此提高新移民的住房支付能力。在供给方面，政府在提供低于市场价的廉租房、公租房、经济适用房和共有产权房等保障性房源的同时，可以通过土地优惠、税收优惠、奖励积分等形式奖励住房供给方，激励他们向新移民提供符合政府品质要求的低价房源。总的来说，就是通过补贴需求方和供给方，降低房屋的租赁价格或购买价格，提高城市新移民对房屋的相对支付能力。

第三章

移民的社会与心理认同

　　移民的社会与心理认同主要映射出移民对于移入地区的认同情况。一般认为，社会认同与心理认同是密切联系的两类认同。生活在现实社会中的个体，必然具有提高自尊、提高认知安全感、降低无常感、满足归属感、找寻存在的意义等多种心理需要，这些均属于社会认同的动机因素。① 移民的社会认同更多地指向移民所处的社会环境，认同的具体情况则深受移民心理认同的影响。移民的心理认同更多强调移民在心理上对于各种外在事物的接纳情况，是移民社会认同的一种重要途径，也是移民诸多认同的个体心理体现。

第一节　移民的社会与心理认同概述

　　移民的社会认同与心理认同受到哪些因素的影响，基本的阶段或者

---

① 赵志裕，温静，谭俭邦. 社会认同的基本心理历程——香港回归中国的研究范例 [J]. 社会学研究，2005（5）：202-227，246.

构建路径有哪些？这是探讨如何增强移民社会与心理认同问题的重要前提性问题。

一、移民社会认同的影响因素及其发展过程

社会认同是指个体对自己作为群体成员而属于某些特定的社会群体，以及对其伴随而来的情感意义和价值意义的了解。① 研究者以墨西哥移民为研究对象，指出个人对自我的认知是通过其与群体内其他人或者群体外的人进行比较，得出有利的结果后所形成的积极的社会认同以及群体认同。如果比较结果不利，那么成员所产生的社会认同便是负面的，社会认同影响着个人的社会创造力以及人口流动性。② 因此，无论是对移民社会还是具体到移民个人而言，良好的社会认同均具有重要的价值与意义。这一点已经为很多人所意识到，并得到了一定的探讨。可是，在关于影响移民社会认同的影响因素及发展过程方面，当前基于实证材料的探究并不多见。众所周知，新兴城市——深圳，是一个典型的移民城市，能够较为充分地体现移民城市的状况。因此，本研究将以深圳市为例，基于一定的访谈资料，对移民社会认同的影响因素与发展过程进行总结，并以此为基础，进行归纳提升。本研究共访谈了四位移民，基本信息如下：

A：男，20 世纪 80 年代末到深圳；

B：男，20 世纪 90 年代中期到深圳；

---

① 谢熠，罗玮. 社会认同研究理论成果与最新特点［J］. 社会心理科学，2015，167（2）：3-8，12.

② SHINNAR R S. Coping with Negative Social Identity：The Case of Mexican Immigrants［J］. The Journal of Social Psychology，2008，148（5）：553-575.

C：女，21 世纪第一个十年到深圳；

D：男，21 世纪第二个十年到深圳。

（一）移民社会认同的影响因素及变化

在访谈中，我们发现：深圳之所以能够吸引人们前往，甚至促使人们留在深圳，在很大程度上是因为深圳的诸多层面满足了移民的特定需要。因此，本部分将适当借助马斯洛（Abraham Maslow）需要层次理论的基本框架与观点，对影响移民社会认同的因素进行归纳分析。

1. 移民社会认同的影响因素：基于实证资料的分析

第一，移民城市能否提供更高的收入水平。对进入工作岗位且需要各种生活支出的个体而言，收入水平影响着其诸多选择。这是由于收入水平左右着大至个体购房、购车等行为，小至衣食住行，决定个体是否能够衣食无忧，甚至可否满足基本的生理需要。简言之，收入水平影响着个体的日常生活水平。一般情况下，个体往往追求更高的收入水平及其所造就的更好生活水平。相关研究也证明，迁移的重要动因之一是实现收入最大化。在这种前提下，如果一个城市能够为移民提供更好的经济收入，那么，移民的迁移愿望及社会认同程度自然会相应增强；反之，移民的社会认同感则会降低。在访谈资料中，我们也可以看到这一点，诸多移民（如 A、D）为深圳所吸引的重要原因之一即为更高的收入水平。由此可见，移民城市能否提供更高的收入水平，是影响移民社会认同的重要因素之一。

第二，移民城市能否给个体建立亲密的人际关系提供有效空间。正常情况下，人们对于亲密的人际关系都有着较为积极的期待。从马斯洛的需要层次理论来说，亲密的人际关系的建立不仅能够满足个体的安全需要，更为重要的是，它能回应个体爱与归属的需要。"爱和归属的需要是指渴望在生活圈子里与他人建立亲密的感情关系，渴望被别人接纳。"移民离开自己的家乡，或者原来的工作地点，无形中会放弃一整套亲密的人际关系。而鉴于亲密的人际关系在个体生活中所发挥的重要作用及其所具有的意义，移民在迁移的时候，必然会将能否在新的地方建立有效的亲密关系作为迁移行为评估要素。如果一个城市能够为移民建立亲密的人际关系提供有效空间，进而提升移民的社会融入程度，那么，移民对移入城市的社会认同自然会随之增强。这一点在受访者 D 身上表现得较为明显。受访者 D 考虑迁入深圳的一个重要因素是"好融入一些"。这是由于，深圳本身就是一座移民城市，与那些在人际方面发展较为成熟的城市相比，这个城市并没有明显的"本地人"，不会将移民"排除在外"，更有助于人们建立亲密的人际关系。因此，移民城市能否给个体建立亲密关系提供有效空间，是影响移民社会认同的重要因素之一。

　　第三，移民城市能否为个体提供更好的自我发展机会。对于自己的生活，个体总是有着一定的安排与规划。其中，关于自我的发展，也是个体要重点考虑的事情之一。一般情况下，个体都希望自己能够具有较为良好的发展空间和发展机会，实现自我价值。这在当前这个如此注重自我、主体性的社会尤其如此。作为社会中的一员，个体能否具有良好的发展机会，不仅取决于个体愿望，甚至在很大程度上并非个体愿望能左右的，而是由社会提供的。对现代的个体而言，流动并非难事。通常，一个地域提供的发展机会越多，其产生的向心力就会越大，相应的，个体越会"心向往之"，进而长期生活于此。正如移民的历史结构主义范式所指出的那样，移民在某种程度上是经济全球化市场扩张的一种结构化结果。换言之，某地域的发展机会越多，其越能让个体产生社会依赖及社会认同。这在访谈资料中也可以看出，四位受访者虽然进入深圳的理由各异，但是在一点上是高度一致的：深圳机会多，且较为平等。他们之所以强调这一点，是因为此特质有助于他们的自我选择与奋斗。与之前生活或工作的城市相比，这一点有助于他们更好地自我发展。也正是因为这样，移民才会对深圳产生较好的社会认同感。因此，移民城市能否为个体提供更好的自我发展机会，是影响移民社会认同的重要因素之一。

2. 移民社会认同影响因素的"不变"与"变"

在历史发展过程中，影响移民社会认同的因素处于相对稳定但不断变化的过程中。厘清这些因素的"不变"与"变"，有助于我们更好地认识甚至促进移民的社会认同。

通过访问我们可以看出：影响移民对移入城市——深圳产生社会认同的因素具有一定的稳定性。这种稳定性主要体现在影响因素的基本类型并未发生太大变化。较高的薪资水平、建立亲密关系的空间以及良好的自我发展机会，一直是移民移入深圳时较为重视的因素。其中，较为平等的人际关系、相对公正的工作环境（访谈者话语中的"关系"较淡）两个要素，是不同时代的移民所共同且多次强调的。由此可见，无论从基本框架上讲，还是从具体的内容上看，移民社会认同的影响要素都保持着相对的稳定性。

与此同时，一些移民社会认同影响因素的价值或者来源，也在发生着某种程度上的变化。从价值上讲，较高的收入水平这一要素，其吸引力在高物价的影响下，逐渐降低。20世纪八九十年代进入深圳的移民，在访谈中或者刻意强调这一点，或者并未提及这一点。但是，21世纪进入深圳的移民，虽在受访过程中未直接提及收入水平，但"房子"是必然出现的主题。受访者C认为自己是改革开放的受益者，透露一种"欣喜"和"满足"，而受访者D则直接表达了"房子"问题给自己带来的压力。由这些话语可以看出，对20世纪八九十年代到深圳的移民来说，生存并非一个很大的问题，甚至并非需要考虑的问题，原因在于他们在深圳拿到的收入足以支付其生存成本。但是，对21世纪进入深圳的移民来说，生存是一个不得不考虑的问题或者是衡量能否继续留在深圳的指标。这并非绝对收入水平降低了，而是收入水平与物价相较时，相对购买能力下降了。因此，较高的收入水平这一影响要素，在促使移民社会认同方面所具有的效力在降低。从来源上说，自我发展机会较多的城市由改革开放的前沿城市转为"大城市"。同样强调自我发展机会多，可对不同的受访者而言，"机会多"的具体来源是不一样的。对20世纪八九十年代的受访者来说，深圳的机会多主要是国家政策导致的，即深圳是改革开放的城市之一，与内陆相比，具有较多的"机遇"。而对21世纪进入深圳的移民来说，深圳的机会多主要是深圳这个城市自身的发展提供的，即深圳是一个各方面都较为先进的城市，与中小城市相比，具有较多的"平台"和较大的发展"空间"。

　　总而言之，在过去四十年的发展历程中，移民城市——深圳，影响移民产生社会认同的各种要素处于基本稳定却动态发展的状态中。我们只有了解这一点，才能对如何促进移民的社会认同这一问题提出具有建设性的建议。需要注意的是，影响移民社会认同的因素具有数量和性质上的复杂性，需要谨慎、细致地予以处理。本部分仅是以深圳市为例所进行的分析，虽具有针对性，但在代表性上似有不足。这就需要研究者在面对具体的移民社会、考虑社会认同等相关问题时，针对性地予以处理。

（二）城市新移民社会认同的三个阶段

在中国城市化与城镇化的快速进程中，移民已成为一种城市人口迁徙和文化变迁的常态。深圳作为一个新兴的移民城市，大量的个人和群体从"他乡"移居深圳，在此定居，开始了新的工作与生活。当人们从一个地区移居到另一个地区，他们面临的就业机会、居住环境、生活空间甚至社会地位等都发生了巨大的变化。在这个过程中，很多新移民并不能很快地实现社会认同的转换，他们在短时间内难以融入迁入地的社会和文化，无法获得身份认同和文化认同，甚至感觉迁入的城市是"别人的城市"，缺乏归属感。他们带着自己原有的生活方式与风俗人情，一方面仍将自己归属于原来的居住地社会，另一方面又在新的城市中不断地适应与调整，也为所居住城市的文化带来了新的改变。新移民在陌生的城市里不断地定位自身的身份，不断地思考自我归属的问题。这个新的社会认同的过程，大抵经历了三个阶段：交往、适应与同化。来自不同地域、拥有不同文化的新移民通过人与人之间的交往，获得群体认同；寻求相互之间的适应，建立新的地位认同，从而减少冲突，最终产生文化认同与同化。

1. 交往：城市新移民的群体认同

在传统社会里，人与人之间交往的圈子是基本固定的，在社会中担任的角色也不需要有太多的转变，在这种社会环境里的交往，对人的主体性要求相对较弱，取得社会的群体认同也相对简单。而在人们移居新城市的过程中，物理空间和社会空间都发生了巨大的变化，新移民去到一个完全陌生的环境，会面对许多不确定的风险与因素。这时候，人们只有通过不断的交往，在工作上和生活上重新去塑造自己的形象，建立自己新的"社会身份"，从而取得新群体的认同。这种新的群体认同，既需要新移民在新的生活社区中去交往、沟通，形成自己新的社交群体，形成新的生活社交圈子，同时，也需要新移民在工作中去交流、对话，建立新的社交形象，形成新的工作交往圈子。这两个生活与工作的圈子，有分开的部分，也有重合的部分，新移民通过在这两个圈子中的交往与对话，取得新的群体认同。

与此同时，随着现代通信技术和交通的不断快速发展，人们之间交往的空间和网络边界越来越广，人与人之间不再局限于从前单纯的"面对面"交往，更多的是超越地理边界的网络上的信息流动。因此，城市新移民在交往的过程中所获得的群体认同，一方面体现在常规的工作与生活中建立的交往关系，另一方面，新移民还能通过网络或其他信息化手段建立起新型的网络交往关系。在这种社交网络中，有些人可能素未谋面，却拥有成千上万的"粉丝"，这是在一种超越地理边界的环境下建立起来的身份认同。这种新型的社交网络，突破了空间和时间的限制，新移民在这个社群中更容易通过交往对话，建立起新的群体认同。

新移民在交往的过程中，排除相互认同的障碍，建立起广泛的相互尊重的对话和交往。新移民在相互尊重基础上建立的对话与交往，使得他们既能意识到传统的文化观念对他人的影响与价值，也能认识到现实生活中可能发生的与传统观念的冲突，并在此基础上协调适应，慢慢"融入"新环境，获得新的群体认同。

2. 适应：城市新移民的地位认同

城市新移民通过交往，塑造了不同群体之间的关系，在这个过程中，他们也学会适应一部分新城市中的文化，形成了新的地位认同。城市新移民在适应的过程中产生新的地位认同的表现，主要有以下几个方面。

一是通过联姻形成新的家庭地位认同。新移民来到新城市，因生活与工作圈子的全新变化，会结识来自五湖四海的新朋友。新移民在新城市中落地、生根，在交往过程中逐渐发展起来的情侣关系，打破地域、时间、空间的限制，组建自己的家庭。配偶双方可能来自全国各地，甚至世界各地，有着完全不同的风俗习惯和民族文化，双方必然要在生活中进行磨合，慢慢相互适应，才能逐渐形成新的家庭地位认同。同时，这种家庭地位的认同，不仅产生于夫妻双方，还存在于双方原生家庭。夫妻双方的父母，乃至兄弟姐妹，都是这个家庭圈子的纽带，不仅夫妻之间需要磨合与适应，家人之间也需要接受来自不同地域文化的冲击与调和，从而建立新的家庭地位认同。

二是通过在新城市中获得就业岗位，产生新的职业地位认同。这种职业认同来源于其在工作关系中所处的地位，如新的工作关系所带来的新的工作身份的确认。在新的职业群体中慢慢适应并获得同事之间的地位认同，拥有新的工作身份与地位。这种工作上产生的地位认同，既是现阶段新移民转移到新城市的初衷，也是其能长久扎根于新城市的主要原因之一。

三是适应新的环境变化形成的社会地位认同。根据相关的政策和制度安排，新移民在移民城市中获得的新身份后，比如"居住证"，或者"户口"等，可以享受移民城市的公共福利，从而增强其归属感，获得社会地位的认同。这种社会地位认同，既包括了新移民对社会环境的适应，也包括了城市里原有的本地居民对新移民社会态度的认可。新移民由于空间的变化，需要去适应新的环境，同时，也需要在这个陌生的环境中寻求一种地位上的肯定与"一视同仁"，既希望自身能尽快融入新的环境，也希望新的环境能以开放包容的状态接纳他们的到来，得到一种社会环境上的地位认同。

3. 同化：城市新移民的文化认同

新移民作为城市中的新"闯入者"，他们带着自己的生活方式和观念，以及文化心理移居到一个新城市，过去所形成的道德观念和价值观念依然深深地影响着新移民。传统伴随着新移民，同时，新移民本身也被新的环境和文化塑造。新移民在新城市中经过交往取得群体认同，又通过一段时间的适应取得了地位认同，最终慢慢被这座新城市同化。

这种文化认同，包含了移民个体的认同感和归属感，是一个从文化参与、文化融合到文化认同的过程。首先，文化参与是新移民形成文化认同的第一步。新移民既有表达自身文化观念的诉求，也在这个对话交往的过程中不断地接受新的文化碰撞，在这种相互冲突又相互调适的实践过程中，从城市的"陌生人"逐渐成为带着乡愁的"本地人"。其次，新移民在文化参与中慢慢地融入新的环境，在文化融合中进行调适，不仅是外在生活上的一种适应，更是进一步从心理和情感上融入新的城市中去。最后，当新移民身心都对新的环境产生认可，并接纳新的环境和新的身份时，他们便慢慢地进入文化认同的阶段，在新的环境中不仅建立了新的社会身份，也建立了新的文化身份，这种文化身份指向各种实践、关系、生活行为和思想观念，并随着时间的推移不断地转换。

在形成文化认同的过程中，新移民只有实现了文化心理和文化行为的融入，才能真正适应新环境，完成从"客居心态"向"主人心态"的转变。移民在走进新的城市生活的时候，他们的文化心理与文化行为，也在不断地受到外界的影响，有融入也有隔阂，有主动接收到的正面与负面的信息，也有被动接收到的冲突与调适。同时，文化心理与文化行为之间也互相影响与制约。一方面，文化心理影响着文化行为的形成。新移民一旦在心理上认可了新城市的移民文化，便会通过其行为表现出来。另一方面，文化行为在某种程度上能对文化心理进行反调节。新移民的文化行为一旦得到认可，便会进一步在心理上加固这种对新城市移民文化的认可度。因此，这种产生认同的过程，也是互相调节与互相影响的过程。

新移民在新城市中，通过交往建立对话，取得新移民之间的群体认同，又进一步慢慢适应，并在适应过程中获得自己的社会与职业地位认同，慢慢从"他人的城市"过渡到"自己的城市"，对新城市的文化产生认同与接纳，这种同化从生活方式到文化行为乃至文化观念，是一种文化上的高度认同，最终真正从心理上认同与接受新的移民城市文化。

二、城市新移民心理认同的内涵与构建

伴随着城镇化进程的加快，越来越多的流动人口涌入城市，从而产生了城市新移民群体。这些新移民进入移居城市，不仅要面对经济压力，更面临着文化适应和心理认同的深度融合。其中，心理认同是新移民融入城市的重要环节，也是其安居乐业，获得归属感、幸福感以及自我同一性的前提保障。

（一）城市新移民心理认同的基本内涵

移民心理主要指移民的情感、意志、风俗习惯、道德风尚和审美情趣等要素，以及以价值观为核心，包含经济、政治、道德、文学、艺术、宗教、哲学等诸方面的观念因素。其中，以价值观为核心的观念因素是移民心理的深层结构，制约着情感、意志、风俗习惯等其他要素。心理认同是指个人学习模仿他人或团体的态度和行为，逐渐内化为个人人格一部分的心理历程。[①] 城市新移民心理认同则是移民与他人、群体在感情、心理上趋同的过程。根据这样的定义，我们可以将城市新移民心理认同分为表层、中层、深层三个层次。

城市新移民心理认同的表层对应着迁入城市的物质文化层面。物质文化是人类发明创造的技术和物质产品的现实存在和组合，主要包括饮食文化、服饰文化、建筑文化等。不同物质文化状况反映了城市的经济发展阶段以及物质文明的发展水平。与物质文化相对应，城市新移民心理认同的表层包括移民情感、风俗习惯、审美情趣、时代风尚等要素。

城市新移民心理认同的中层对应着迁入城市的制度文化层面。制度文化是社会成员或群体处理个人之间、个人与群体之间、群体之间关系的产物，是用以约束、规定或制约个体和群体行为的规范或规则的集

---

① 张季屏．态度理论视角下社会主义核心价值观的心理认同探究［J］．高教学刊，2022，8（15）：90-93.

合。与制度文化相对应，城市新移民心理认同的中层包括政治制度、经济制度、法律体系、道德行为规范等要素，它们直接制约和规定着城市新移民的行为方式。

城市新移民心理认同的深层对应着迁入城市的精神文化层面。精神文化是城市文化的核心部分，主要包括科学、艺术、哲学、宗教等方面。与精神文化相对应，城市新移民心理认同的深层包括移民精神、思维方式、价值观念等要素，它是心理认同最核心、最稳定的层面。

城市新移民心理认同这三个层次是相互渗透、相互影响的，表现出双向互动的关系。深层的心理认同是最根本的决定因素，统摄着其他两层；同时，表层认同影响中层认同，中层认同也会影响深层认同。

（二）城市新移民心理认同的影响因素

城市新移民的心理认同是在日常社会、政治、生活、学习中建立的，具有变化可塑性，迁入城市的政策制度、城市形象以及社会交往状况等都会对城市新移民的心理认同造成一定的影响。

首先，政策制度因素。政策制度对城市新移民的心理认同有着基础性的作用，其中影响最为深刻的是户籍制度。城市新移民长时间生活在现居住地，生活习惯、行为方式、价值观念逐渐与当地人趋同。但是，由于户籍上的差异，他们认知的身份却依然是外来人口。当城市新移民的身份被户籍制度严格限定时，其心理上的认同动机则会受到削弱。同时，由户籍制度衍生的其他一系列政策和制度，如教育制度、保障制度、医疗制度等形成了城市新移民融入城市社会的制度性障碍，使得一部分城市新移民心理上的认同"效能感"降低，从而选择主动隔离和不融入，对其现居住地抱有一种"旁观者"的心态。①

其次，城市形象因素。城市形象是指能够激发人们思想感情活动的城市形态和特征，是城市内部与外部公众对城市内在实力、外显活力和发展前景的具体感知、总体看法和综合评价。城市形象由三个重要部分组成：城市经济、城市人居环境和城市文化。良好的城市形象对内具有整合作用，能够激发城市新移民的责任心和自豪感，鼓励他们为城市的发展和社会进步做出贡献，增强城市内部的凝聚力；对外可以提高城市的知名度。城市形象归根结底是一种心理上的形象感知和评价，发展、开放、包容的城市形象对移民更具有吸引力，同时也可以增强移民对城市的认同感和归属感。

最后，社会交往因素。构成心理认同的一个重要因素是人的历史经验及其经常活动的地域范围。所谓的历史经验就是人们共同的活动经历，包括相互交往的经历。在城市中，如果本地居民对城市新移民抱有消极的刻板印象，城市新移民也对本地居民怀有较强的疏离感，两个群体则有可能逐渐形成封闭的社会交往群体，使得城市新移民逐渐被排斥在本地居民的社会关系网络之外，影响城市新移民的心理认同。

（三）城市新移民心理认同的构建理路

为实现城市的稳步发展，提高城市新移民的心理认同水平，需要以政府为主导完善移民政策，优化城市形象，发挥社区的组织作用。

第一，完善移民政策，铸牢新移民心理认同的制度基础。良好政策的实施与制度的建立，能极大地提升新移民的"安全感"，为新移民的心理认同铸牢制度基础。因此，政府部门应该不断完善移民政策，例

---

① 冯烨辉. 新上海人社会认同的影响因素研究 ［D］. 昆明：云南财经大学，2017.

如，推进户籍制度改革，为城市新移民放宽户籍获得政策，以公平、公正的态度为其营造良好的体验感受。此外，还需要进一步健全城市的社会服务体系，在为移民政策的落实提供便利的同时维护新移民的合法权益，从而消除"本地人"与"外地人"虽同处于一个城市空间，却在心理层面相互隔离的现象。

第二，优化城市形象，营造新移民心理认同的良好环境。城市形象是"观察者与所处环境双向作用的结果"，树立发展、包容的城市形象有利于为新移民的心理认同营造良好的环境。首先，发展是城市形象中的核心因素。澳大利亚学者德波拉·史蒂文森认为打造和传播城市形象的最终目标就是将某一个城市与其他城市加以区分，使之成为一个独具特色、颇具吸引力的生活、观光和工作的地方。① 移民个人的发展很大程度上依赖于城市的发展，城市的发展也是吸引移民最有利的因素之一。其次，包容体现了城市接纳多样化的气度。因此在我国城市化过程中，不仅要重视城市基础设施的硬件建设，更应当树立平等、包容的城市形象，促进本地居民和城市新移民不同群体的相互了解和沟通，帮助他们消解心理矛盾和偏见，增进彼此的相互信任和尊重，使城市社会形成有机整体，增强发展合力。

第三，发挥社区功能，构建新移民心理认同的社会保障。社区是居民生活的基本单位，也是构建心理认同的重要场所。它使得新移民对所居住城市的认同不仅仅停留在该地区可能带给个体的经济利益上，更能使其认可所居住地区给其带来的心理归属和情感价值，从而促进其进一

---

① 德波拉·史蒂文森. 城市与城市文化［M］. 李东航，译. 北京：北京大学出版社，2015：124.

步参与当地的社会建设。党的十九届四中全会提出："建设人人有责、人人尽责、人人享有的社会治理共同体。"鉴于此，社区需要发挥其组织功能，承担起构建心理认同的职责。一是引入社会组织并发挥其专业功能，如心理咨询机构、社会工作机构等专业社会组织，通过专业的心理咨询和帮助，使城市新移民以积极的心态面对新环境所带来的问题。二是社会工作者可以协助预防或解决移民适应过程中遇到的生活困难。三是社区需要做好社区居民的调研工作，鼓励城市新移民多参与到社区的建设决策中来，提升他们的社会参与度，从而提高其心理认同水平。

　　作为我国社会转型期出现的特殊群体和新型的劳动力，城市新移民是现代化建设的重要力量，对我国各项事业的发展做出了重要的贡献。心理认同是城市新移民群体普遍具有的对城市归属和感情依附的稳定的心理特征，对社会稳定的协调和有序起着十分重要的作用。因此，我们应当密切关注城市新移民的心理认同状况。

第二节　促进移民社会与心理认同的教育策略

　　对移民尤其是年轻移民而言，随迁子女的教育是他们非常关注的话题，也深刻影响着移民的社会与心理认同。因此，不断地发展、完善教育，是增强移民社会认同与心理认同的重要策略，为此本研究提出了从宏观到微观的针对性教育策略。

一、促进移民城市教育的高质量发展

党的第十九届五中全会通过的《中共中央关于制定国民经济和社

会发展第十四个五年规划和二○三五年远景目标的建议》表明，推动高质量发展是我国进入新发展阶段的内在要求，应以深化供给侧结构性改革为主线，使发展成果更好惠及全体人民。教育高质量发展正是为了让人类享受更加公平更高质量的教育公共服务。作为市民基本公共服务的一部分，教育公共服务受到包括教育投入水平、常住人口规模等在内的各种因素的影响。在蓬勃发展的移民社会浪潮中，城市物质生活大幅改善，教育机会空前开放，人们的教育需求趋向差异和多元。再加上教育政策与经济、社会的发展特征关联度增强，人们获取教育资源的挑战和选择也显现出前所未有的复杂多变。随着经济迅速发展以及城市化进程的加快，深圳的现代化水平跃居世界先进城市行列，但是其城市空间的资源配置与经济、社会、人口、教育等领域的协调性发展依旧不够均衡，难以满足人们不断增长的教育需求。深圳长期快速发展积累的各种矛盾逐步显现出来，教育资源如同有限的土地资源一样，供需变得更加不均衡，教育规模与质量、育人目标与手段之间存在的挑战也更加引人注目。

一是教育规模与质量之间的挑战。作为一线超大城市，深圳人口规模大、增速快、外来人口比例高，适龄入学人口一直处于高位增长态势。根据第七次全国人口普查结果，深圳市常住人口（含深汕特别合作区）1756.01万人，与2010年第六次全国人口普查的1042.40万人相比，增加713.61万人，增长68.46%，年均增长5.35%；其中，流动人口是1243万，比十年前增加了51.29%。目前该市各级各类基础教育学校在校学生总数242.16万人，比2019年增加9.91万人，增长4.27%。在这个背景下，这座移民城市始终把基础教育列为教育发展的重中之重，将超六成的义务教育学位提供给非户籍学生。与北上广等城市不同，深圳的人口净流入量大所带来的学位压力很难在短期内得到解决。教育资源建设速度还不能跟上深圳城市发展的速度，导致教育资源的供给质量不平衡、供给数量不充足的矛盾同时并存，部分地区优质教育资源供给缺口大，呈现出区域之间、人群之间的教育资源不平衡现象。当然，不是说学位完全不足，近几年随着政府扩建新校增多，个别学校还出现招不满学生的现象。可见，教育资源供给与深圳市民人口素质和空间分布节奏尚未完全同步。

二是育人目标与手段之间的挑战。当前，市民物质及精神生活得到极大满足，他们在收入水平、受教育程度等方面普遍较高，权利意识强，教育诉求高且多，对优质教育的需求更为突出和迫切，提供更多优质教育资源将成为深圳教育发展的新常态。社会成员对子女期望值的骤然增加，社会生存压力不断增大，无形当中又折射到教育领域中来。如此一来，许多城市里的少数人凭借优势条件拥有充分的优质教育资源，而一些流动人口及大多数的弱势群体却因"积分不足"处于学无优教的教育焦虑之中，逐步出现教育内卷和焦虑现象。长期以来，移民城市教育资源的规划和投入以当地户籍学生数为基准，缺乏对新增人口积极有效的事前规划和监控，只能被动地应对公办教育资源的供给不足问题，以新建学校、增补师资、提高入学标准等手段来充实教育资源人均占有量。但从现实来看，各区间教育资源品质差距仍然显著，跨区集团化办学、名校办分校实施效果有待检验；"学区房热"居高不下，房价畸形高涨，人口密度疏解困难，教育均衡发展任重道远。

（一）形成有效且充分的教育资源供给体系

当城市教育资源尚不能满足所有人都上好学的意愿时，教育的选择依靠市场和社会自觉行动是无法避免的。为使更多的人享有满意的教育服务，形成有效且充分的教育资源供给体系势在必行，这是推动教育高质量发展的可靠基础。

一方面，突破以往优质教育资源引进聚焦外部地区的传统思维，向内发力形成优质均衡的基础教育公共服务体系。以师资供给为例，深圳各区每年到省外诸多高水平大学引进毕业生作为补充师资力量，或引进省市外名校长或名师，在一定程度上快速提高了深圳教育人力资源的整体质量和水平。然而，单靠外部引进人才而忽视内部力量培养，终有可能压抑了本土力量的生长积极性，外来力量也可能会因年龄而缺乏必要的发展张力。作为一座国际化创新型城市，该城市集合了多种资源要素，尤其是高新技术要素的庞大复杂系统。它凭借高新科技和产业创新，5G、人工智能、虚拟现实等新技术与教育不断交互共享，形塑着城市的未来教育方式和学习空间。因此，有效而充分的教育资源供给体系首先应聚焦区域内学校发展，以优化教育资源供给体系、变革学校育人方式为发展方向，实现教育理念、教研活动、教师培训、资源共享等方面的综合提升，并通过扩大优质教育资源的服务面，将教育资源公平地分配给市民。

另一方面，重视民办学校在中小学教育中的支撑作用，确保公办、民办教育的协调发展，营造优良的教育发展生态。近年来，深圳不断加大教育投入力度，优化教育资源配置，改善办学条件。不过，在依靠政府与市场双重力量进行增量提升、存量重建的同时，不能忽略社会办学力量。深圳市教育局官方数据显示，2020 年全市各级各类基础教育学校（含幼儿园）2713 所，比 2019 年增加 71 所，增长 2.69%；其中，公办学校增长了 738 所，而民办学校减少了 667 所，反映了公办、民办学校此消彼长、各得其所的发展局面。即便如此，从在校生人数来看，民办教育依然占据着深圳教育的半壁江山。2021 年修订的《中华人民共和国民办教育促进法实施条例》从法律层面加大对民办教育的扶持力度，推动民办教育监管理念与监管方式由政府管理向社会监督的重大变革。为进一步加大投入推进教育资源均等化，有必要针对各学段公办、民办教育结构比例，科学确定民办教育在本区域内的合理比例，加强对民办教育需求的合理预测和总体规划，保证民办教育在移民社会中的功能定位与政策支持，推动公办、民办学校协同优质发展。

(二) 实现良好的教育公共治理

教育高质量发展是对传统教育系统的整体提升，但是在发展路径上要分轻重缓急，毕竟它涉及多个领域的协同，是一项复杂的系统工程。开放包容与城乡二元兼具、年轻活力与财富固化并存的移民社会空间矛盾，决定了深圳这座年轻移民城市在空间转型和城市治理方面的复杂性与特殊性。因此，面对未来移民社会经济发展和生源结构的变化趋势，教育高质量发展的关键是实现良好的教育公共治理。

良好的教育公共治理首先要正确处理政府、学校、社会和市场之间的关系，实现多主体共同建设及协同治理，增强各级各类教育机构的办学活力，建立政府与各类社会组织分工协作、市民广泛参与的教育公共治理机制，健全多方参与的教育政策民主决策机制。其次，推进教育高质量发展，要充分发挥名校、名校长品牌效应与优质教育资源辐射带动作用，有序规范引进国内外品牌学校资源，实行多种形式的合作办学和创新管理。深圳在引进国际先进的办学理念和育人模式方面具有地缘优势，已在教育集团化、课程与教学创新、师资培养等方面进行有效变革，如在全市范围内普遍开展创客教育和 STEM 教育，南山区率先开设人工智能课程，盐田区构建了基于区域资源的项目式学习课程体系，都是基于教育资源的多元治理开展的探索实验，为促进学生全面而有个性的发展提供了"深圳范式"。我们相信，当一座城市拥有了良好的教育公共治理环境后，学校的办学活力便会自然迸发。

二、发展城市义务教育，促进新移民社会认同

近年来，随迁子女的数量一直保持增长的态势，使得移民城市阶段教育资源供求关系的矛盾日益凸显。如何合理分配学位指标，配置并保障必要的教育资源，以满足数量日益增多的学位需求，成为教育行政部门和学校必须面对的重要挑战。

（一）积极保障义务教育学位供给

作为移民城市发展的贡献者和服务者，人民大众在为城市发展付出劳动的同时，其子女也应享受到应有的教育条件，这才是一座城市可持续发展的根基所在。然而，眼下的义务教育学位紧缺却成为人们关心的焦点。一方面，是移民城市人口的迅速增长。教育部门公布的数据显示，2018 年全国义务教育阶段进城务工人员随迁子女 51424.04 万人，比上年略增 1.2%，占在校生总人数的比例为 9.5%；全国小学有大班额 17.87 万个，初中有大班额 8.63 万个。就深圳而言，2019 年该市常住人口 1352.49 万人，实际管理人口已逾 2000 万，外来人口比例大，且年龄结构偏年轻，生育需求大，导致学位供给量无法跟上人口增长的需求。虽然绝大多数区域的义务教育阶段学位总体上供需平衡，甚至超

过 50% 的学位提供给非户籍适龄学生，仍然有个别区域比较紧张。另一方面，移民城市因其经济发展速度快而拥有雄厚的教育财政投入，使得义务教育、高中教育质量日益趋好，导致周边城市人群想方设法让子女到大城市入学。这些变化带来的影响是中小学尖锐的入学矛盾和大班额现象难以消除，优质教育资源在短时间内变得更加紧缺。如不科学有效应对，将给城市的社会稳定和未来竞争力提升带来不利影响。由此可见，解决学位不足问题、满足日益增长的教育需求，确保每个适龄孩子享有公平的就近入学的权利，既是一项惠及所有城市劳动人口的民生工程，也是让人民享有更加公平、更有质量的教育的基本体现。

（二）警惕学位供给困境所带来的影响

所谓义务教育学位供给困境，是指移民城市因人口流入带来的随迁子女人数的增长以及新出生人口数增长的"双重"需求压力，导致义务教育学位供给方面在一定时间段内出现供不应求的紧张态势。这既给地方政府带来巨大的挑战，特别是人口增长快、空间资源紧的移民城市，也将不可避免地给城市相应的配套服务，特别是学位供应带来一定的压力，主要表现为以下三种效应。

（1）教育资源的"马太效应"

在城市化进程中，进城务工人员随迁子女不断增多，购房迁户的入学儿童也迅速增多，近年来许多城市的学位增长都跟不上人口的增长速度，与之相对应的是城市公共资源配置难以满足数量庞大的随迁子女的教育需求，所以造成学校，尤其是小学学位紧张。一些城市加大教育投入促使学位大幅增长，以提供更多学位满足小一、初一新生的需求，但移民城市用地紧张、外来常住人口的学位需求大、规划建设周期长等多种原因，纳入规划的学校建设任务很难如期按量完成，仓促投入使用的学校设施有时反而难以给学生提供必要的健康安全保障，影响了教育教学效果。再加上一些新建学校由于办学时间较短，师资力量与办学质量难以和老校相比，即使重金引进优质师资，但在新校教师中的比例终究有限。这也使得优质教育资源长期集中在一些具有较高办学声望的名校里。

（2）人才高地的"外流效应"

一般而言，移民城市因其自身的制度环境优势会吸引大量人才投身其中以谋求发展。而当出现教育资源供给的窘境时，许多人往往被迫采取迁移方式为子女寻求更好的教育机会。城市区域内优质教育资源分布不均衡，户籍市民和外来临时务工人员子女入读的学校没有区别，致使城市户籍缺乏含金量，这对引进和留住人才无疑会造成影响。以深圳为例，目前基础教育规模已达 210 万人，在校生增长比例、非户籍生比例均为全国最高。虽然住房政策调整和就近入学政策，一定程度上弱化了现有学区房的市场流通价值，减缓了学区房的流通速度。但为了获得子女优质教育机会，许多收入较高的市民和对教育重视的人才往其他城市或地区跑，去那里购买学区房，产生了"外流效应"。这对在城市里的不同群体形成了较大的竞争压力和负面心理影响，滋生了他们对教育和未来的焦虑。

（3）教育质量的"蘑菇效应"

蘑菇效应的原义是指蘑菇在生长过程中，为了见到阳光而不断挣脱原本阴暗的角落。依据这种效应的原理，一些地区因为学位供给的不充分不平衡问题，家长和学生通过择校享用更好的教育资源，结果反而造成生源流出学校的生源质量降低、教学质量滑坡的境况。目前，移民城市的教育与户籍"脱钩"一直难以取得进展，立法上"户籍优先"的取向使得作为人口流入的移民城市不会投入充足的教育经费在流动儿童上，但由于有大量的流动儿童无法在当地就读，最终迫使一些移民城市在小学入学和初中入学方面实行条件制或积分制。由于学位紧张和家长工作、居住情况变动等，一部分流动儿童被迫返乡"回流"就读。流入地升学考试政策让一部分随迁子女家庭看到了希望，但即便子女入学了，也容易因为随迁子女过多的生源容量而使学校在提升办学质量的道路上步履艰难，无形中使这些学校成为"弱校"的代名词。但在这些家长眼中，城市教育质量依然比乡村好，但凡有机会，不会选择让孩子"回流"。

（三）推进义务教育学位供给制度完善

教育规模是教育优质均衡发展的基础，增加学位满足群众教育需求是移民城市民生问题的重点。面对学位供给的缺口，如何监测和合理布局学位这一现实问题，国内许多城市教育行政部门尚在实践中摸索。但就制度性安排来看，审慎梳理好下列问题或许能为当下的局势提供缓冲地带。

第一，处理好教育投入与未来入学需求增长的关系。在"二孩"放宽、"双非儿童"入学等计生政策调整带来的"高压力"下，为了保证义务教育学位供给，深圳、成都、上海、广州等地相继实施"政府购买学位"政策，一定程度上缓解了外来人口子女学位不足的状况。许多城市落实教育优先发展战略，加大经费投入，加快了学校建设的步伐，新增了多所学校满足入学需求，切实保障了学位供给持续增加。但是，面对未来入学需求压力的持续增大，单纯的教育投入如果不能做到精准到位的话，很有可能陷入教育资源的"马太效应"。因此，教育部门应结合区域人口规模实际，密切监测各地区新建住宅的规划情况，依据人口迁入情况做好义务教育入学需求的增长计划，形成学位供给动态协调机制。即根据九年义务教育学位需求周期，根据未来六年人口信息管理系统数据进行预测，提前三年规划学位供给，提前一年建好学校，这有利于科学储备教育用地，长远规划学位供给工作，均衡布局教育资源。同时在财政安排、土地配置、教师待遇和人才引进等方面应优先保障学校教育需要，尤其是对公办义务教育学校建设项目的安排和投入方面均给予重点支持。

第二，处理好教育资源的存量与增量之间的关系。针对公办义务教育学位供给紧张的实际情况，移民城市在千方百计加快新校建设增加学位供给的同时，不能忽视对既有教育资源的盘活与提升。一方面，存量教育资源的科学、均衡配置是有效应对学位需求的基础性条件。一般来说，移民城市同样面临城中村校及老校改造难题，只有不断挖潜扩容，提高这些改扩建学校的办学品质，才能彰显出城市文化在发展中的历史积淀与时代传承。还可以通过共享学区、集团化办学等方式扩大教育影响力，多渠道解决学位供给，实现优质教育资源共享和义务教育资源均衡发展，减轻家长们的择校压力，努力实现老百姓在"家门口上好学"的愿望。另一方面，有序保质地扩大增量是应对未来一段时期内学位供给的发展性条件。为避免教育质量的"蘑菇效应"，新建学校根据规范的招标程序，按照高标准进行规划设计，适度提高容积率，配建功能教室、宿舍和停车场等，确保学校功能场所实用与审美兼备；同时探索新校代建制、引进高端优质学校等办学方式，充实优质师资和课程资源，保障教育教学质量。

第三，把握好入学政策的合理性与政策执行的规范性。政府在进一步优化教育结构布局、扩大优质教育资源辐射和覆盖面的基础上，根据学位供给情况和户籍、房产、居住年限等因素，建立和完善以户籍、居住证为主要依据的入学政策，简化入学流程和证明要求，依法保障符合条件的随迁子女平等接受义务教育。在执行过程中，针对适龄儿童少年入学登记的实际居住地址实施记录管理，根据小学六年、初中三年等循环周期提供实际居住地址服务范围内对应入学学位。假如适龄儿童仅具有本市户籍、实际居住地址与其法定监护人在城市中的合法房产地址不一致的，区教育部门应联合学校加以协调解决。

三、积极应对移民子女课堂不适现象

城市新移民的子女跟随父母一起来到城市，这些孩子在城市长大，但由于户籍限制，加上国家相关政策相对滞后，他们在城市接受教育过程中遭遇不同程度的困难，这些困难包括升学问题、学校适应问题和课堂生活问题。移民群体的子女由于自身的语言习惯和适应能力有待发展，对新的学习生活环境尚处于调适阶段，对现有的教育资源缺乏理性的认识，容易出现课堂学习的边缘化问题。

（一）课堂边缘化现象的文化理解

当前中国城镇化正推动中国大地发生着社会变迁史上最深刻的变革，大规模流动的移民群体正经历着空间的转移，他们大多"生在乡村，长在城市"，有些甚至"生在城市，长在城市"。他们带有本地文

化的烙印，又有与城市文化融合创造的移民文化，在物质、精神和思想
观念上呈现复杂性、多样性。有些学生因自身或者外界各种因素不能融
入课堂，甚至与其他个体存在明显或潜在冲突。

　　课堂边缘化现象一般表现为学生个人或群体在日常课堂教学情境中
被教师和其他同学排斥或遗忘，或者因自身原因拒绝参与教学、主动游
离到教学活动边缘的现象。这是教育活动主体双方沟通不对等的结果，
最终产生某种抵制或对立状况而感知到的不一致差异，差异是否真实存
在并没有关系，只要个体感觉到差异的存在，边缘化的矛盾就潜伏其
中。换句话说，在课堂生活环境中，如若个体感受到与环境之间的差
距，并且未及时化解不对等的具体因素，边缘化问题就难以避免。

　　一是文化习性的差异化。移民是文化的天然载体，他们突破了传统
初级关系的束缚，创造了城市特有的移民文化与城市精神。学生随迁来
到新的城市，首先受到城市所在学校的知识、经验和文化的洗礼。作为
文化载体的人的迁移和流动促进了文化的流动和传播，为移民文化的发
展带来了动力和活力，但也使流入地的不同文化群体在交流和互动中，
产生文化习性、生活习俗、语言交流等方面的差异和碰撞。因为移民城
市较少受来源地传统的家庭、社会和机制的束缚，可以相对自由地选择
自己的角色和身份，这就使得来自不同背景和不同阶层的人群对不同的
生活方式需要逐渐适应。

　　二是家庭教育互动方式的潜移默化。在课堂观察中我们发现一个现
象，一部分移民的家庭教育类似于"放羊式"。如·部分学生在课余时
间去看自己喜爱的明星演唱会，并且以此为话题在班级中形成一个小群
体，而有的学生却由于经济拮据无形中被排斥在外。由于有些家庭经常

缺席学校组织的家长会、亲子活动等，加上学习生活环境转变的巨大差异，学生在面对生活环境以及受教育程度等方面与城市同龄群体的较大差距，在校园生活中与老师同学产生各种隔膜，继而主动或被动地被边缘化，越发孤立和自卑。

三是课堂参与的去中心化。移民后代的教育获得与学校表现反映了他们在主流文化系统中的适应情况。但受原来学习水平的限制，这些学生所带的文化与城市文化融合不充分，在与同龄人以及教师的交往中造成其自卑甚至自闭，行为独立。他们在校园乃至课堂生活场所容易陷入社交障碍或自我隔离的困境，加之社会中真实存在的文化偏见，使得他们的课堂参与被去中心化。再加上各自地域之间的差异致使部分学生遭受到班级其他群体的排斥，影响班级共同体的形成。

（二）课堂边缘化现象的主要根源

随着移民群体的扩大，日益丰富的移民文化正渗透到城市的各个角落，与新移民携带的地域文化进行交流并互相融合。移民文化是对所在环境和关系的一种主观定位，这种定位必然影响到学生，在全新的生活环境中，仍持有对原有文化的认同感，一定时间内难以融入新的环境中，进而制约其对课堂文化的认同。

一是身份认同的模糊性。部分随迁子女因其在原居住地生活的时间较长，对原居住地的认同度较高且更倾向于保留原有的信仰；嵌入原有的族群社会网络较深，在生活方式、行为态度和观念认知上更依赖于原有的文化体系和自我身份定位。因此，这些学生在进入新的班级后，其原有的课堂关系无法给予及时支持，而建构起新的课堂关系又需要长期的努力，在这种关系初期断裂的境况下，他们往往很难在课堂中进行直接或良性的交往互动。

二是生活空间的游离感。新移民家庭中的学生对新的城市生活经验较少，与之对应的城市资源有限并且家庭人口代际之间的关系交流不充分，导致生活空间有限。在学校教育场域中，学生因自身隐形文化时常与教师对城市文化的显性传递发生冲突，表现出更为迷茫无助的课堂退缩感；在家庭场域中，这些学生的成长记忆与社会认同都以新的移民文化印刻在心，但迫于结构化的校园空间，较易出现信息沟通上的游离感，这一游离感往往会通过生活经验的累积得到强化与展现，进而使得课堂生活的边缘性特征悄然产生。

三是群体交往方式的冲突。移民文化流动与创新的社会机制存在于新移民的日常生活、交往实践中，不同文化群体间的相互学习，不同文化的相互融合、浸染、改造，最终产生文化创新。学校由于人口的多元性和流动性，课堂生活场域的互动和交往也可能更多元，更容易形成文化的溢出和交换。但是，移民家庭的经济条件、受教育程度以及工作性质等多方面的因素影响着学生群体的交往方式。许多父母为维持家庭的正常生活而奔波于各类劳动力市场，疏于与孩子沟通与互动，导致家庭教育功能的弱化和亲情的缺失，使得孩子心理压力倍增，在与人相处时表现出易怒、孤僻、无助等。

（三）课堂边缘化现象的文化调适

为转变课堂边缘化现象，课堂主体之间需要在理念意识层面取得共识，通过教师教学上的潜在帮助，创建一种包容、接纳、认同的课堂文化关系，并从课堂身份认同、课堂学习环境以及师生交往方式等方面入手进行调适。

一是增强学生的课堂身份认同感。来自不同地区的学生行为言语或多或少带有地域色彩，他们从原居地以血缘、地缘、亲缘为依据的社会关系框架中抽离出来，还未在新的社区和学校中建立起新的社会关系框架，导致课堂学习的仪式感和互动性未能充分体现。因此，为转变课堂边缘化现象，教师应引导不同性别、语言、信仰的学生以班级成员身份共享共同价值观，保持融合与多样性之间的平衡状态，最终学会如何在多元文化社会中积极、和谐地生活，找到课堂成员主体之间共生的文化基础，彼此间相互学习、欣赏、包容与共生。例如，开设涉及不同文化的社会实践课，依托这些课程让来自五湖四海的学生结识新朋友，培养学生对多元文化习俗的认识。

二是增进师生交往。前面谈到，青少年学生一般处于未成熟阶段，其人格特性还处于不稳定的状态。而课堂作为学校教育的主阵地，需要承担引导者角色，增强师生交往互动，灵活运用对话式教学，引导学生一步步认识自我，成为更好的自己，并指导学生重新构建新知识，能自由、充分地表达观点，慢慢融入课堂。同时，还可以开设班级网络交流平台如微信群、微博、BBS 等，以供学生发表真实想法。通过这些方式缩小弱势群体与主流群体间的物质和心理差距，促进不同学生群体间的平等、互动与共融，确保有需求的群体能够得到相应的支持，积极促进每位学生课堂参与机会的最大化。

三是创造家校协同育人的学习环境。一方面，课堂是师生交往最重要的教育场所，教师可以设置不同文化形态的教学情境，比如，课桌摆放、主题课教室的布置、把不同地域的学生安排在同一学习小组等，帮助课堂边缘生顺利且快速跨过融入课堂的过渡期，主动地参与课堂。另一方面，家庭内部代际关系的处理要符合孩子成长的轨迹，家长可拿出实际行动及时配合教师工作，多倾听孩子的心声，让孩子知道不论是学习成绩还是学校生活，自己是被关注的。而学校则要营造出融洽、和谐、积极上进的学习环境，举办各种增进同学、师生情谊的校园活动，如春游、夏令营等活动。

第三节　促进移民社会与心理认同的社会策略

对于社会而言，促进移民的社会与心理认同，需要社会相关机构聚焦于社会中的关键问题或议题，展开相应的行动。

一、以多元的方式治理城中村

我国在经济和社会建设领域已取得巨大成就。然而，伴随城市化和工业化推进，经济发展受土地等资源约束的问题日益凸显。城市化初期，作为土地征收方，政府出于降低土地征收成本考虑，会绕开村民宅基地征收农业用地，城中村逐渐形成。伴随城市环境改善，城中村逐渐成为阻碍城市发展的不良因素。

深圳作为我国唯一无农村建制的城市，早于 2004 年就完成全面城市化，原集体经济组织所在地被高楼大厦包围分割，形成城中村。据不完全统计，深圳有 1300 余个城中村，居住人口约 700 万人，占深圳总人口数近 60%。城中村聚集大量违法建筑，形成原因包括制度、经济、社会和法律因素。正面而言，城中村对深圳的城市经济生活多元化、提升城市活力、增强城市吸引力等都有积极影响。负面而言，它阻碍深圳现代化、国际化和创新化的进程，其负面后果主要体现在影响城市整体规划，土地利用效率低下，治安管理难度大，形成有安全隐患的建筑和人口集聚区等。

（一）困难重重：城中村治理不易

城中村的居民以外来移民为主，伴随移民的迁入，他们所携带的迁出地的文化失去依存基础，而社区文化融合目标是让移民与本地人口相互适应。以深圳市福田区石厦社区为例，该社区具有浓厚的文化底蕴，保留了原始和浓厚的南粤文化。来自外地的移民所带来的不同文化习俗，缺乏交流平台，导致本地文化和外来文化长期处于平行发展状态。社区居民大多习惯性囿于封闭的小圈子，形成圈内人际交往网络，对公共事务参与较冷漠，社区居民的归属感、认同感和幸福感较低。从石厦社区案例中可知，当前深圳城中村治理难点重重，经总结，难点主要在于如下三方面。

第一，难以核实城中村历史遗留违法建筑的准确信息。历史遗留违法建筑主要分布在深圳宝安区、龙岗区、坪山新区和龙华新区。如果对这些城中村进行拆除改造，无论是拆除重建还是综合治理都须明确建筑相对权利人。但由于历史原因，部分建筑缺少权利证书，部分证书记载模糊不清，且经多次转手，确定信息困难，这将成为改造的难点。

第二，难以对历史遗留违法建筑进行确权。明确建筑物和所有者之间的对应关系，确定补偿政策时，对历史遗留违法建筑进行确权是否可行、是否违反法律和政策、是否引发社会舆论、对城中村改造的影响等都是需慎重考虑的问题。城中村流动人口多，清租难。如果对城中村进行治理，必然影响租户生活，涉及人口数量大，解决外来人口居住将是难点。

第三，难以确定补偿方式中产权转换和货币转换比例。深圳房价飞涨，如对城中村拆除重建，多数房屋所有者将会首选产权置换，面对庞大的置换需求，必然需用货币置换替代部分产权。因此，在制定补偿标准时，需综合考量法规和现实状况。

（二）多元路径：深圳城中村治理模式选择

城中村治理模式可根据不同方式进行分类。一方面，根据地理位置和演变空间，把城中村治理模式分为整体改造、局部改造和调整改造三种模式。整体改造模式指从城中村整体布局到单位建筑全部改造；局部改造模式指在整体布局不做重点调整的情况下，对局部区域进行重点改造；调整改造模式指在保留大部分建筑的前提下，改造违章建筑，同时控制新增建筑。另一方面，根据改造城中村主体或资金来源，城中村治理可分为政府、城中村集体和开发商主导三种模式。政府主导型是指治理城中村规划、资金和政策完全由政府负责；城中村集体主导型是指城中村集体组织主导城中村治理，政府对市政公共设施、基础设施建设给予适当补助；开发商主导型是指政府出规划、出政策，房地产开发商市场化运作。

通过对国内外城中村治理项目的分析，结合深圳已成功的城中村治理经验，本书提出如下五种多元路径模式：一村一策、城市更新与拓展空间、古村保护与城市发展结合、政府引导与市场主导结合、空间拓展与产业升级结合。上述多元路径模式可有效调动多方参与社区治理，积极提升城中村居民的归属感。

"一村一策"模式。城中村整治过程需统一规划、设计和组织实施，其中，政府、股份公司、股民、非股民居住者和市场各自发挥作用，可有效带动更多社会力量和社会组织参与治理。根据深圳不同城中村的特色，对城中村治理可以实施"一村一策"模式。例如，深圳南山区桂庙村，紧邻深圳大学，由于白石洲旧改和拆迁，此地成为在南山上班白领的租房首选，可将其改造为适宜青年创客及大学生的居住区；罗湖区大望村，可遵循"保护优先和适度发展"原则，推进文化风貌街改造和民间博物馆建设，打造具有现代气息的"艺术小镇"；龙岗区三联村，可结合水晶玉石文化市场，对旧工业园区及周边区域进行升级改造。

"城市更新与拓展空间"模式。城市更新应与城市社会经济结构调整相结合，通过更新计划为新兴产业发展提供城市空间，令以传统产业为主的城区重焕生机。深圳城市更新将大幅提高城市更新项目的人才住房、保障性住房配建比例。将城市更新项目中一定比例的商务公寓建成后移交政府，作为人才公寓纳入全市住房保障体系管理。例如，未来深圳市福田区新洲片区、石厦片区、罗湖清水河片区、笋岗片区、龙华北站片区等，均可通过实施旧改重建，为经济和产业发展拓展空间。

"古村保护与城市发展结合"模式。现存古村落是深圳文化的根脉，承载城市发展演变的历史线索。城市古老建筑大量消失，将是城市文化遗产的巨大损失。深圳不仅拥有世界之窗、东部华侨城等人造景观，有大梅沙、梧桐山等自然景观，更应传承好鹤湖新居、南头古村、大鹏所城等传统建筑。在城市更新过程中，及时保护古民居和古村落，防止其在城市建设中慢慢消失。

"政府引导与市场主导结合"模式。在北上广深一线城市房地产市场，土地供应有限，旧城和旧工业区改造、公共服务更新等需求日渐强烈，房地产开发商纷纷抓住"城市更新"机遇扩充其规模。政府应细分城市更新类型，制定差异化项目实施政策，明确政府在各类更新中的主导或引导作用。通过实施棚户区改造，充分发挥国企参与棚户区改造的积极性，改善二线"插花地"居住生活环境，探索具有深圳特色的棚户区改造模式。

"空间拓展与产业升级结合"模式。就政治优势而言，深圳凭借全国经济特区和计划单列市的地位，迅速发展成为"一线城市"。未来，深圳要继续处于领先地位，应结合国家共建"一带一路"、打造粤港澳大湾区经济的契机，把握和布局好新一轮产业发展。通过城市更新来实现城市功能置换，拓展产业发展空间，进一步提升产业结构和城市综合实力。

（三）配套机制：城中村治理的策略

好政策需有配套的实施机制方能完美落地，真正达到预期的效果。针对城中村，治理的具体策略包括四方面。

首先，加快完善城中村改造立法，提高政策系统性和配套性。制定更详细的系列新措施，包含具体类别详细化，制定明确补偿标准方案以及实施决策机制。其次，完善城中村居民参与社区治理的机制，促进居民利益社区化；将居民利益融入社区利益，充分了解居民不同需求，提升居民归属感。再次，细分城中村策略，制定差异化项目实施方案。根据城中村治理的紧迫程度和实施难度，实施差异化的政策措施。最后，加快形成利益协调机制。利益协调是社区建设的重要内容，城市经济和社会结构变化带来大量市场难以解决但政府又不好解决的问题。这些重大利益关系居民切身利益，特别是重大利益决策，需社区组织来承担部分职能。

综上可知，城中村是城市化过程的产物，大量经济组织和流动人口聚集到城中村，导致利益格局、社会群体和社会价值多元化。在此过程中，城中村治理过程面临重重困难和巨大挑战。政府只有对城中村进行多元路径治理，给予配套机制，方能逐步实现城中村的空间优化和产业升级。

二、积极建构新移民的社会权利

因先天身份差异，新移民常常被视为城市的"二等公民"，获取不到相应的社会权利来防范或化解面临的社会风险，导致风险蔓延，个人、城市或国家就可能面临重大威胁，因此，在风险治理中建构新移民的社会权利成为一个重要的现实课题。

（一）风险治理中新移民社会权利的重要性

社会权利是肯定社会成员身份的一种基本权利，它通过法律形式确认身份，以保障社会成员分享社会资源、获得生活条件的资格。在风险治理中，这一资格保障对处于风险社会底层的新移民而言尤为重要。

第一，社会权利可以使新移民从社会中获得生活资料，为风险治理提供前提性保障。伴随改革的不断深入，我国社会已越障疾驰，行入社会风险的深水区。对新移民而言，要化解这份社会风险，首先需要通过社会权利解决一个重要问题，即获得生活资料，满足生存需求。只有解决这一问题，新移民才可能摆脱"我饿"的窘境及其衍生的传统社会风险，进而在此基础上，审视与识别改革中高悬的"达摩克利斯之剑"，也就是真正"我怕"的现代社会风险，这在一定程度上，为风险治理指引了方向，提供了前提性的保障。

第二，社会权利可以弱化新移民的焦虑感，为风险治理建构积极心态。无论是否自愿迁移，新移民来到城市，都对未来怀有美好的期望，流动的生存状态却使美好的期望增加了几分不确定性，带来的直接结果就是新移民在风险社会中产生了强烈的焦虑感。因为焦虑感的本质是对不确定性的恐惧，而不确定性是社会风险的来源。也就是说，不确定性越大，社会风险也就越多，而焦虑感也就越强。适当的焦虑感对于风险治理具有积极意义，可是，焦虑感一旦超过一定的阈值，即干扰社会运行秩序，就可能成为社会风险本身，或者社会风险的催化剂。作为文明秩序的表征，社会权利可以通过身份资格确定新移民在城市中的社会位置，使其规范自身的行为，遵循社会运行的秩序，促进社会风险治理。

第三，社会权利可以使新移民形成共担意识，为风险治理凝聚最大合力。在城市化进程中，尽管每一个群体的责任等级不同，但平等的风险命运已将他们捆绑在一起，形成了一个命运共同体。这意味着没有哪一个群体可以跳脱社会风险之外，既如此，风险治理就需要共同体成员通力协作，共同承担。然而，新移民因"他者"身份总是徘徊在主流群体的边缘，难以融入其中，更不用说形成共同体的自觉——风险共担。作为一项追求实质平等的权利，社会权利使新移民能够在城市中平等生存、平等发展，由"他者"转变为"我们"。"我们"身份的转变使新移民重新找到了归属，使新移民在社会风险面前有了共同体的自觉，形成了责任共担的意识。

（二）风险治理中新移民社会权利的缺失

社会权利是新移民立足风险社会，积极参与风险治理的重要基础。但由于迁移活动，新移民的社会权利在社会环境的变换中未能得到及时交接、转换与建构，结果出现了缺失的现象，严重弱化了新移民在风险治理中的作用。

1. 劳动权的不到位。新移民来到城市，目的就是生存与发展，而劳动权正是满足新移民生存与发展需求最为必要的一种基本权利。《中华人民共和国宪法》明确规定公民有劳动的权利，包括劳动就业权、劳动报酬权、劳动保护权、休息权等。不过，在实际的社会生活中，新移民的劳动权并未落实到位，其中最为严重的问题就是就业歧视，由于"他者"身份，新移民的劳动就业面临着来自制度与市场的双重歧视。这些歧视的存在不仅成为社会风险本身，还动摇了新移民应对社会风险的根基，使其在风险治理中处于极为不利的地位。

2. 受教育权的不平等。教育是改变个人社会地位的重要方式，也是保证社会流动的重要机制。新移民如果受到良好的职业教育和业务培训或者其子女获得优质的教育，就有机会改变自身或其子女的社会地位，使其向社会上层流动。但由于教育资源往往依据户籍身份、经济状况、受教育程度等因素设定分配原则，显然，新移民难以获得平等的受教育机会，难以改变其自身在风险社会中的底层地位，甚至还可能导致新移民这种地位在其子女中出现代际循环。

3. 社会保障权的不完备。社会保障权是一种福利权，也是一种兜底权利，其基本价值追求是实现人有尊严地生存与发展，尤其体现在对弱势群体的保障方面，因为越是弱势群体，越容易受到风险侵害，越难维持基本的生存权和发展权。作为弱势群体，新移民理应成为社会保障权的重点关注对象，但因其社会身份在新旧社会关系中不清晰，出现了社会保障权不完备的现象，导致了社会保险的参保率低、赔偿困难，社会福利的保障滞后、待遇不平等，社会救助的过程烦琐、户籍条件严苛等系列问题。这不但未能为新移民化解社会风险，反而还使新移民面临着社会风险加大的威胁，在风险治理中处于不利的地位。

（三）风险治理中新移民社会权利的建构

在风险治理中，新移民社会权利的建构是一项重要的系统工程，要做好这项工程需要从风险意识、制度体系和现实逻辑等方面着手探索，协同发力。

首先，在风险治理中，强化新移民社会权利的风险意识。在风险社会，社会权利实质上是新移民的一种"风险性生存方式"，它可以帮助新移民通过辨识风险、应对风险，甚至规避风险而谋得一种生存之路，但也会因其自身的缺失而引发诸多的社会风险，成为重大的社会风险源。因此，在风险治理中，新移民必须强化社会权利的风险意识，清楚地认识社会权利的两面性。唯有如此，新移民才可能从战略性的高度审视社会权利的建构问题，而不是仅仅把它当成一种权益维护的简单问题；才可能从前瞻性的视角分析社会权利引发风险的可能性，而不是仅仅在社会风险之后来反思；也才可能从责任担当的维度提升自身的风险驾驭能力，而不是仅仅寄托于他者的拯救。

其次，在风险治理中，完善新移民社会权利的制度体系。社会权利的根本价值在于实现，而实现的方式则依赖于一系列具有社会意义的制度。倘若没有制度的保障，社会权利将失去存在的基础。因此，在风险治理中，完善新移民社会权利的制度体系成为重要的建构策略。具体而言，一是丰富新移民社会权利的具体制度，通过制定城市的政策法规，将新移民社会权利的各项内容、获得方式、主管机构等以具体且明确的形式呈现出来，以确保新移民社会权利在风险治理中的制度保障；二是健全新移民社会权利的反馈机制，通过建立反馈平台，以便在风险治理中更好地了解和掌握新移民社会权利的落实情况，响应新移民提出享有社会权利的要求，解决新移民享有社会权利过程中出现的问题；三是建立新移民社会权利主管机构的考核机制，通过制订评价考核方案，对新移民社会权利主管机构的工作进行考核评价，以提高主管机构的服务质量和管理效率，进而促进新移民社会权利在风险治理中的实现。

最后，在风险治理中，遵循新移民社会权利的现实逻辑。社会权利的存在不仅体现了社会成员对社会的依赖程度，也体现了社会成员生存与发展的现实需要，还体现了社会有序运行的基本要求。这意味着，社会权利是一种现实权利，它不可能脱离社会现实而发挥作用。由此看来，在风险治理中，建构新移民社会权利，需要遵循其内在的现实逻辑。要做到从新移民在风险社会中的现实处境出发，审视新移民社会权利的享有情况，为建构新移民社会权利获取基本信息；要做到从新移民与社会发展的内在需要出发，为建构新移民社会权利指引方向；要做到从风险社会运行规律和社会权利生成规律出发，为建构新移民社会权利寻找可行的实践路径。

三、认真建设高质量的职后培养体系

对移民城市的发展而言，增强城市的吸引力具有重要的意义和价值。它不仅有助于移民城市当下的"人力资源招揽"，还会有利于移民城市长远的"人力资源挽留"，助力移民城市的健康发展。笔者立足于对新兴移民城市深圳的观察、思考，认为高质量的职后培养有助于增强移民城市的吸引力。之所以如此，主要是因为移民进入移民城市及移民和城市之间的勾连密切相关。

（一）移民与移民城市的关系

从移民进入移民城市的原因及二者之间的联结看，"工作"是非常重要、核心的因素。一般在人们的观念中，"工作"往往与"职业""单位""劳动""任务""地域""理想""金钱"等密切相关。这些词汇在很大程度上勾勒出"工作"的基本样貌。对准备进入类似于深圳这种新兴移民城市的移民而言，"工作"不仅具有社会规定性，也拥有个体特殊性，且个性化色彩较为浓重。在这种情况下，移民与移民城市的关系至少呈现出以下三个较为鲜明的特征。

第一，移民进入移民城市的主要原因是"工作"。与其他类型的移民相比，移民进入深圳这种移民城市时，最为重要的原因不再是"投亲靠友""为了生存"等，而是"一份工作"。不可否认，"投亲靠友"等因素依然通过各种方式发挥着一定的作用。但对移民而言，"工作"承载了自己对移民城市的综合考量，也建立起移民与移民城市的初步联系，成为移民进入移民城市的关键性影响因素。

第二，"工作"是移民与移民城市联结的重要媒介。群体性移民与移民城市建立联结的媒介有两种：一是"单位"。这在随"单位"进行搬迁的移民身上表现较为突出。他们随着"单位"进入一个新的城市，并且立足单位、通过单位与当地（移入城市）建立各种联结。二是

"社区"。这较为明显地体现在随村庄等社区进行迁移的移民身上。他们随着自己原来生活的"社区"进入一个新的地域，并依靠社区、借助社区与当地建立相关联结。在上述两种情况中，"单位"或"社区"之所以成为移民与移民城市联结的媒介，主要是因为：在移入移民城市之前，移民与"单位""社区"具有非常密切的关系。这种关系在移民的迁移过程中不仅没有被削弱，而且在某种程度上还得到了强化。

但个体性移民面对的情形与上述群体性移民具有很大的差异。他们在进入移民城市之前，与"单位""社区"等并没有天然的、亲密的联系。对他们而言，特定"单位""社区"是工作的衍生物，而非"工作"的必然构成部分。当然，在长期的工作过程中，移民会逐渐与单位、社区建立密切的联系，甚至将单位、社区视为工作的自然组成元素。但是在移民进入移民城市的一段时间里甚至较长的一段人生时光里，他们只是在形式上有"单位""社区"而已。在这样的情形下，作为初步建立移民与移民城市纽带的"工作"，自然继续发挥着作用，逐渐成为移民与移民城市建立联结的重要媒介。

第三，移民期待移民城市给予自己诸多职后培养。对于人们的工作而言，职后培养有助于移民尽快融入工作、融入工作地点、获得成就感。由于"工作"在移民与移民城市联结之间扮演着重要角色，移民对于移民城市提供的职后培养具有更多的期待与更为强烈的诉求。在以上三方面的综合作用下，职后培养不但是必要的，还成为影响移民城市吸引力的重要因素之一。因此，移民城市需要建构高质量的职后培养体系。

（二）高质量职后培养体系的建设策略

从现状层面看，诸如深圳这类移民城市已经意识到职后培养对于移民的价值、对于城市吸引力的作用，并为移民开展了形式多样的职后培养，但培养体系存在一些问题，亟须完善、提升。本部分以深圳为例进行简要分析。作为新兴移民城市的深圳在人力资源的职后培养方面出台了多项举措，支持、鼓励甚至要求各级政府部门、各类机构为各种工作人员提供适当的职后培养。就当前的情形看，职后培养形式多种多样，对于工作人员顺利适应工作、适应城市、取得成绩等方面发挥了一定作用。在某种程度上可以说，深圳市的职后培养体系初见雏形。与此同时需要注意的是，当前深圳市的职后培养活动存在着重复性、割裂性、低效性等问题，培养体系并不完善。这极有可能会在某种程度上影响移民的工作适应性，进而降低移民城市的吸引力。因而从现状层面看，移民城市建设高质量的职后培养体系是移民城市发展的自然、必然要求。

何谓高质量的职后培养体系？人们对这一问题的回答不一而足。例如，培养出高质量人才的职后培养体系是高质量的培养体系；促进移民不断发展的职后培养体系是高质量的培养体系；让移民顺利适应工作的培养体系才是高质量的培养体系，等等。上述回答分别从培养体系的产出、作用及价值等方面对高质量培养体系进行了回答，具有一定的启示意义。如果从移民城市进行顶层设计这一角度出发，本书认为高质量的职后培养体系至少需要具备两个重要特征。

第一，高质量的职后培养体系应该具有系统性。这种系统性主要体现在两方面：一方面，整个移民城市的职后培养体系应该是系统的。城市的良好发展，需要不同区域、不同领域工作人员的协调发展。移民城市在设计职后培养体系时，不能仅考虑某些行业、区域而忽视另外一些行业和区域，而是需要综合考虑各个行业、各个区域的实际情况，以及各行业、区域的区别、联系，可能的优势，担负的职责等内容，并在职后培养体系中有所回应。即，移民需要将整个城市的职后培养体系作为一个整体的系统进行思考与设计。秉持这种系统性思维设计的培养体系，才能在很大程度上避免"有所偏废"的情况，推动各个行业、各个区域工作人员的协调发展。这种培养体系才能称为"高质量的职后培养体系"。另一方面，具体行业、区域的培养体系应该是系统的。具体行业、区域的培养体系是一个子系统。这也是移民可感、可知的对象，也在很大程度上影响着整个移民城市的职后培养体系能否真正"落地"。移民城市的相关行业、区域在这方面的精心设计，可以有效避免培养活动的重复性、割裂性等问题，让移民在培养活动中获得良好的收获和体验，提升培养活动的实效性。因此，这也是"高质量的职后培养体系"应具有的特征。

第二，高质量的职后培养体系应该具有特殊性。这主要是从职后培养体系内部而言的。主要有两方面的原因：一方面，职后培养体系内部的特殊性是高质量职后培养体系系统性的必要要求。虽然高质量职后培养体系需要具有系统性，但并不意味着各个行业、区域需要整齐划一。相反，只有职后培养体系内部具有一定的特殊性，整个职后培养体系的系统性才有可能真正实现。另一方面，行业、区域的特殊性需要培养体系的特殊性。众所周知，各个行业、区域具有自己的特殊性，如果职后培养体系不能立足于这些特殊性，则可能在很大程度上无法回应工作人员的具体诉求，也就无法真正地为工作人员服务，发挥提升、吸引等作用。综上可见，特殊性是高质量的职后培养体系必须具备的特征之一。

建立高质量的职后培养体系是一个复杂的过程。本书仅从建构的两

个基本方式出发进行简单论述。一是"自上而下"的方式。移民城市
组织相关机构，对整个城市的职后培养体系进行良好的顶层设计，为移
民城市中的各行业、各区域提供基本的参照蓝图。二是"自下而上"
的方式。移民城市的各行业、各区域，甚至某个"单位"，均可按照自
己的实际情况对职后培养体系进行精心设计，为移民城市对职后培养体
系的后期设计、汇总、整理等提供"锚点"和"案例"。当然，"自上
而下"与"自下而上"的有机结合、多频互动在很大程度上更加有助
于高质量职后培养体系的建构。这需要多部门、多层次的努力与合作。

第四章

移民的身份认同与价值认同

移民问题实质上是一个有关身份认同的文化问题。移民文化中的身份认同究其实质就是在介入新的城市空间，不得不面对异文化时不断进行调适的疏离与融入的复杂辩证过程。[①] 与移民的社会认同和心理认同相比，移民的身份认同与价值认同是相对微观的两种认同类型。它具体体现为移民将自己界定为何种身份、认同何种观念等。身份认同的核心在于价值认同，[②] 在建构身份认同的过程中，移民或多或少都会遭遇与新城市文化价值理念之间的冲突，以及由文化差异、文化冲突产生的危机感和焦虑感。真正意义上的社会融入必然是建立在外来人口对迁入地高度的心理认同之上的。如果仅仅在迁入地就业、生活，但是在心理上与当地居民有很大的距离，如对本地文化和价值观缺乏认同，则不能说明外来人口实现了充分的社会融入，其在现居住地的社会活动也仅仅是

---

① 王淑娇. 疏离与融入：文化视野中的移民身份认同 [J]. 重庆工商大学学报（社会科学版），2023，40（3）：131-136.
② 李茂森. 教师的身份认同研究及其启示 [J]. 全球教育展望，2009，38（3）：86-90.

对经济利益追求的表现。① 也正是由于此，移民的身份认同与价值认同深受文化认同、社会认同、心理认同的影响，也能对前三种认同产生作用，从整体上影响着移民认同。

第一节 移民的身份认同概述

身份认同是衡量个体融入主流社会的一个重要维度。何谓移民的身份认同？移民身份认同的影响因素是什么？如何建构移民的身份认同？这是我们需要思考的重要问题。

一、城市新移民的身份认同内涵与意义

新移民是指我国改革开放后，离开原来的居住地，迁移到新的地方定居，且居住时间较长的人口。身份认同是新移民融入城市的重要前提，也是新移民在城市发展中发挥作用的必备条件。城市新移民达成身份认同不是简单地"嵌入"城市，而是有条不紊地"融入"城市生活的方方面面，故不可能一蹴而就。新移民身份认同需要在多方合力的作用下有序进行，不断提升新移民身份认同的强度和广度，解决好城市化进程中可能遇到的难题。

（一）城市新移民与身份认同

城市新移民是尚未深深扎根于城市的迁移者或群体，不能将其单纯

---

① 崔岩. 流动人口心理层面的社会融入和身份认同问题研究［J］. 社会学研究，2012，27（5）：141-160，244.

定义为定居的"新市民"或作为过客的"流动人口"。从时间上来看，城市新移民在改革开放后如春笋般涌现；从空间上而言，新移民在城乡间的流动性变迁中发迹。新移民在城市发展中的贡献不容小觑，他们极大地促进了城市经济的快速增长，缔造了无数的"城市奇迹"，更是为中国经济的腾飞提供了源源不断的动力。

身份认同是指个体在社会交往中通过与其他个体的比较，根据自身的特点和社会环境的要求形成的对自我和他人的认识和评价。身份认同旨在使处在某一群体中的个体，主动建立一个认知和表达体系，在自己是谁、自己是做什么的、扮演什么社会角色、遵循什么规范等问题上形成清晰的主体意识并表现出相应的主体行为。身份认同是新移民获得迁入城市社会认同的标志。身份认同既表示对某一特定身份或一系列身份占有与承认的状态，也彰显对这些身份占有与承认的动态过程。身份常被用来解释人的某种归属，总是在社会多向互动中被发现和认可，具有明显的社会属性。身份认同也同样带有社会属性，是社会认同的前提条件。即身份认同是由外在的社会制度和社会环境赋予的，需要在社会活动中反复地建构和完善；同时，个体在不同的社会环境和交往场合中产生不同的身份认同，体现不同的身份属性。① 身份认同主要通过社会比较、积极区分，进而获得对内群体的共同性和外群体的差异性认知，强调社会自我与个体自我的有机整合。人不仅可以自己主动达成身份认同，也会不自觉地被动接受他人、社会群体对自我的身份认同，这取决于主体视角的转变。

---

① 赵迎军. 从身份漂移到市民定位：农民工城市身份认同研究 [J]. 浙江社会科学，2018 (4)：93-102，158-159.

城市新移民身份认同是新移民在一定生活场域内对过去、现在、未来所赋予身份的认定，具体包括三方面的内容：一是对"自我"身份的认同。由于新移民变更了原有的生活空间，因而不得不审视新的生活状态与城市环境，进行自我归类。例如，通过思考"我是谁？""我从哪里来？""我属于哪里？"等问题，将自身进行归类。二是对"他者"身份的认同。此处"他者"不仅是指城市原住居民，还包括除"自我"以外的城市其他新移民。因此，对"他者"身份的认同处于多维视域下，需要建立起群体间的边界感与归属感。新移民对"他者"身份、地位、价值越发理解和尊重，就越能拉近人际距离，减少身份认同的隔阂。三是对城市发展定位的认同。人人都拥有自己的身份，城市固然也有自己的"名片"。对城市发展定位的认同其实也就是对城市身份的认同，深刻吸引了那些迁往城市的新移民。例如，深圳的"名片"是"开放包容""来了，就是深圳人"，从而吸引许多认同其身份定位的迁移者慕名而来。一般而言，只有认同城市发展的身份定位，才会选择迁居于这一城市。因此，新移民对城市身份的认同较强，当前出现的身份认同障碍主要表现在城市新移民对"自我"身份认同的不清晰与对"他者"身份认同的不自觉这两方面。

（二）城市新移民身份认同的重要意义

身份认同是新移民在城市发展中发挥自身作用、寻求社会认同必须具备的条件。城市新移民怀揣着对美好生活的向往，毅然来到新的城市，期待减少漂泊无依的迷茫感，期冀找到自身存在的价值和意义。因此，增进城市新移民身份认同不仅是必需的，而且是十分重要的。

首先，身份认同是社会建构下的产物，更是城市新移民实现社会认同的重要切入点。身份认同标示了新移民在城市群体中的成员资格及其存在意义，展现了自身社会存在和发展的过程。新移民是城市中的重要一员，既是城市建设者，也是城市形象维护者，还是城市文化享用者。这些多元身份揭示了新移民与城市共同体之间持续存在的归属关系，打上了社会性标识的烙印。只有达成身份认同，才能为更进一步实现社会认同提供心理上的认同基础。

其次，身份认同与个体人格的健康成长有着密切关联，能够帮助新移民适应城市生活。德国心理学家爱利克·埃里克森（Erik Erikson）认为，人格发展的每个阶段都是通过认同障碍或危机的积极解决来成就的。身份认同体现了新移民对城市共同体的差异性认知和身份的察觉。其中，对"自我"身份与"他者"身份的认同是推动城市新移民人格发展的重要因素。新移民在实现身份认同的过程中，会逐步削弱身份焦虑、情感排斥等倾向，有利于减少对未知身份的恐惧，彰显自我完善的人格表征，以积极向上的人生心态面对复杂交织的城市百态。

最后，身份认同促使新移民融入城市人际关系，规范新移民与城市中其他人的交往行为。身份认同不会伴随新移民的迁移自动生成，也不会由城市主动赋予，需要经历新移民主观的内化和接纳过程。也就是说，城市新移民身份认同有一定的能动性和自由度，有利于启发自我意识。新移民如果意识到在城市中的身份及角色是连接个体与他人、社会的关键，那么就更易于在人际交往中获取自尊感、安全感、归属感等。此外，新移民身份认同有利于加深城市中人与人之间的对话交流，使得城市新移民与原住居民之间的交往更为融洽。

二、移民身份认同的问题与建构路径

改革开放四十多年来，随着城市化进程的逐步加快，人口流动也随之加速，在我国出现了一大批的"移民城市"。"移民问题"也就成为城市化进程中必须面对的重大现实问题。不论是从宏观的社会治理的角度，还是从微观的个体感受的角度，身份认同都是移民问题中的首要问题。

（一）移民身份认同的问题

移民身份认同不是一个静态的表征，而是一种动态的过程，它包含了公民个体对共同体所赋予的身份特征、法律地位和社会属性的一种从同意到赞同再到遵守最后形成行动的过程。公民身份认同不是一种单一的认同，而是包含了多种认同内容：既有对自我角色的认同，也有对公民共同体的认同；既有对公民共同体的归属性认同，也有对社会政治系统和公民法律地位的赞同性认同。

文化层面。移民社区最为显著的特征就是独特的移民文化。移民文化的独特性在于文化的多样性，移民社区的人们以其多元化的文化渊源、生活方式和心理取向，形成一种独特的移民文化。因此，移民文化具有多样性和包容性。移民文化是由移民的原住地文化和移居地的本土文化交织形成的，一方面为移民社区提供了更加丰富的文化内容和文化形式，另一方面也是真正实现移民身份认同的首要条件。

一般而言，文化认同是公民身份认同的核心内容。在现代民主的民族国家里，公民认同表现在各个方面，主要有民族认同、国家认同、社会认同、自我认同，集中表现在文化认同上。作为身份认同核心内容的文化认同，不仅仅是指个体对移民文化的表征的适应和接纳，更为重要的是对文化背后的价值观念的认可和内化。由于移民文化包含了多种文化，不同文化之间秉持不同的价值观念，在短时间内很难形成实质性的融合，甚至某些文化之间是"不可通约"的。个体在文化之中生活，文化为个体创造了赖以生存的基本条件。个体对文化的依赖性表现在语言表达、生活习惯和价值观念等多个方面。每一个移民个体都携带着原住地的"文化记忆"，同时又面临着新文化的适应，在不同文化中的"过渡"与"挣扎"构成了移民身份认同的文化特质。

制度层面。移民从原住地到移居地的跨越，不仅仅是简单的居住地的搬迁，其背后往往有着更为复杂的原因，政治的、经济的、文化的，不一而足。移民的迁徙，要面临着由地域不同、体制不同、管理不同带来的制度上的跨越。制度层面的问题，更是涵盖了政治体制、法律体系、规章制度以及伦理道德等方面。可以说，作为建立在制度基础之上的现代社会，是无法回避由制度不同带来的种种隔阂，甚至是障碍。具体到移民个体，他们所遭遇的制度层面的困扰更是与个体的生活密切相关。比如，世纪工程三峡大坝的建设所带来的数万库区移民，他们从重庆迁往四川、山东、湖北、湖南等地。而不同地区之间的规章制度有所差异，并且不同地区之间的福利制度并不兼容，导致了个体在医疗保险、养老保险、受教育权等社会福利制度上的差异。这些制度层面的问题是现实的，也是无法回避的，是移民在身份认同的过程中，不得不面对的具体问题。对于个体而言，制度上的问题往往都是现实的问题，是直接关系到个体生存与发展的直接利益问题。制度上的障碍实质上都是关系到公民权利的问题，如果移民个体不能享受到与其他共同体成员同样的权利,那也很难实现身份上的认同。

心理层面。虽然身份认同包含了多个层次和多个维度,但是最终要落实到个体层面。从个体的角度来说,身份认同更是一个心理过程。从心理学的角度来说,身份认同是个体对自我身份的确认和对所归属群体的认知及所伴随的情感体验和对行为模式进行整合的心理历程。① 个体如何认识自身的身份和资格,如何看待自身的权利和责任都成为身份认同的关键问题。同样,移民社区的身份认同也要回到个体心理层面。对于移民来说,个体如何建立对移民社区的归属感和认同感是最为重要的。因此,对于移民,特别是新移民来说,最大的障碍是归属感的问题。

但是,建立移民个体心理层面的归属感和认同感并非易事。首先,对移居地文化的陌生感,是构成移民身份认同心理障碍的重要原因。对来自外来文化的个体来说,由于地域的差异,移居地的文化具有强烈的异文化色彩,甚至会造成某种文化上的冲突。这对于个体而言,是不易克服的。其次,个体心理归属感要建立在对社会群体和社区文化的认同基础之上。由于社会群体和社区文化的形成需要共同价值的引导,但共同价值的形成又是一个漫长的过程。

(二)移民身份认同的目标

对于公民个体而言,身份认同不仅仅是法律和规章制度上的认可,更是文化上的接纳。如何实现移民的文化认同,可以从以下三方面着手,在全社会形成理解并尊重多元文化的氛围,初步解决移民文化认同

---

① 张淑华,李海莹,刘芳. 身份认同研究综述 [J]. 心理研究,2012,5 (1):21-27.

的问题；在一定范围内培育社区的共同价值，达成一定的价值认同；让个体积极参与到社区建设中，最终实现从"移民"到"公民"的转变。

理解并尊重多元文化。移民社区在文化领域的最大问题就是多元文化的融合问题。由于移民文化是多种文化相互冲击、融会而成，一般具有多元性和包容性，甚至会形成一种完全不同于移居地原来文化的新文化。个体携带着各自的文化记忆和文化传统迁入新社区，从而造就了不同文化的碰撞与交融。因此移民的身份认同教育需要从公民的价值和能力两方面入手。尊重不同群体的文化价值，具备解决文化冲突的能力，是身份认同教育在文化领域的主要目标。其一，尊重不同群体的文化价值，就是要引导个体认识到多元文化的重要意义，认识到不同文化之间共存共生的可能性，更为重要的是要将这种尊重落实到日常生活的行动之中。文化之于个体，就是衣食住行的日常生活，涵盖了节日仪式、饮食文化、方言文化、娱乐文化等方面。那么，所谓的尊重多元文化，就是希望个体在日常生活中做到对彼此的尊重，这种尊重不仅仅是价值上的认可，更是行动上的关切。其二，具备解决文化冲突的能力，就是让公民在面对不同文化的碰撞甚至冲突时，能够做到推己及人。不同文化之间存在差异，碰撞、摩擦甚至冲突不可避免。此时，公民个体是否具备化解文化冲突的能力，显得尤为重要。事实上，尊重多元文化与解决文化冲突之间是紧密相关的，目标是一致的，都是为了帮助移民个体完成文化认同，最终达成公民的身份认同。

培育社区共同价值。从价值观的角度来说，移民社区的凝聚力和吸引力在于社区内的公民所达成的共同价值。所谓共同价值，就是移民在共同生活中确立的并且能够认同的价值观念和行为方式。如何在移民社区培养共同价值？其一，要打造社区文化，为共同价值培植"土壤"。移民文化的形成需要动态渐变的过程，自身形态也在不断演进。文化的聚集和变化的背后是价值观念的确立。旧有的价值观念在新的生活方式的冲击之下有可能被瓦解、被重塑，进而形成新的理念、新的价值。比如，不同地域之间的价值观念差异，随着移民过程有可能被改变，甚至被抹去。城乡之间的价值选择差异，随着城市化带来的移民过程也会逐渐被改变。在移民社区，新的生活方式的确立，实际上就意味着新的文化的产生，新的文化需要引导，新的文化也蕴含着新的价值观念。其二，倡导学会共同生活。如何进行共同生活，是每一个新的移民聚集地都面临的重大问题。学会共同生活，就是要在移民社区达成互相认可的社会规则，形成目标一致的社会规范，最终实现价值上的共通。

形塑移民的公共生活。文化认同的最终实现不只是价值上的认可，更为重要的是行动上的实践。社区建设需要公民的积极参与和积极行动，移民社区更是如此。从公民教育的角度来说，就是要培养"积极公民"的公民形象。建构积极公民，就是要在保障基本权利的同时强调责任意识，重建公共精神。权利和义务构成公民身份的基本内容。现代社会构建公民身份的过程，往往过于强调公民的权利意识和权利保障，忽视对公民义务和公民责任的表达。因此，有必要在移民社区的公民身份认同中重新强调公民责任，重塑公民的公共精神。

（三）移民身份认同的构建路径

建构身份认同，开启美好生活，是每一位城市新移民的期望所在。城市新移民身份认同的构建，需要制度保障、城市文化、社会建设三方面的合力。

制度保障是公共权利的体现，为城市新移民建构身份认同提供了政策依据。新移民绝不是城市的"入侵者"，他们作为城市的"主人翁"，与原住居民一同享有城市发展权利，共同为城市建设提供动力。首先，要加快推动户籍制度改革。简化落户审核机制，提高户口迁移的效率，让满足落户条件的新移民得偿所愿，保障新移民在城市享受便捷生活的权利。其次，要完善就业制度。陌生的环境给予新移民生活和生存压力。在维护其他城市居民应得利益的基础上，给予新移民一定的政策倾斜，能够为新移民开启新的城市生活"保驾护航"。最后，要健全多层次社会保障体系，进一步发挥社会保障制度的兜底作用，让失业或仍在择业期的新移民感受到城市的关怀和温暖，坚定其作为城市一分子的归属感。

城市文化是社会活力的彰显，为城市新移民建构身份认同提供了精神家园。一是要镌刻良好城市形象。新移民的身份认同在很大程度上通过语言来构建，身份认同建构的过程是一个语言协商的过程。例如，城市人口普通话的普及程度越高，越能展现城市的包容形象，为新移民平等对话奠定了基础。二是要利用新媒体叙事。大众传播媒介作为观念传递的物质载体，也承载着移民文化的独特情感，成为建构城市新移民身份认同的重要工具。因此，要发挥好大众传媒的观念整合功能，化解新移民身份认同障碍。三是要增强城市集体记忆。集体记忆深刻展现了城市的观念、文化、心理、信仰等要素，具有强烈的归属意义。对于新移民而言，如果未能参与城市集体记忆的构建，就仿佛没有精神家园，找不到存在价值。

社会建设是改善民生的要求，为城市新移民建构身份认同提供了基本保障。其一，分配社会资源。城市原住居民与城市新移民之间充满张力，绝不是"谁动了谁的奶酪"这样的博弈关系。政府应明确新移民作为城市发展主体的身份，合理分配社会资源，为新移民的生存和发展奠定必要的物质基础。其二，保障社会公平。社会公平体现在许多方面，如教育公平、机会均等、就业公平等。由于移民刚来到陌生的新城市，他们中的某些人难免出现一些不适或观念冲突等情况。这些群体更应受到重视，社会相关机构应给予扶持，鼓励其提高自身发展的能力，以自己的劳动换取有尊严的生活。其三，倡导社会参与。鼓励新移民积极参与城市活动，通过这些活动增强新移民的融入感、参与感，与城市其他居民一起创造新的城市印记。

综上所述，新移民是移民城市现代化主体的塑造者，是当代中国移民城市发展的关键要素，他们的身份认同问题值得关注。城市新移民之间、城市新移民与原住居民之间应杜绝零和博弈，在相互包容、互相扶持中共创城市美好未来。

第二节　城市新移民身份认同的三重逻辑

城市新移民是一个极富生机的群体，他们可以释放社会生产力，增强社会活力，为城市发展做出不容小觑的贡献，而这一切需要建立在其身份认同的基础上。身份认同是新移民融入城市必须重视的前提，也是新移民在城市发展中发挥作用必须具备的条件。不过，身份认同不会伴随新移民的迁移自动生成，亦不会由城市主动赋予，它有按其结构、价值和实践等逻辑所设置的生成学密码。要建构城市新移民身份认同，首先就需要解开这一密码，全面认识和深刻把握城市新移民身份认同的三重逻辑。

一、城市新移民身份认同的结构逻辑

结构逻辑是确定城市新移民身份认同的主体密钥，它决定着城市新移民身份认同的性质特征，影响着城市新移民身份认同的建构机制。城市新移民身份在本质上是一种社会性标识，揭示了其与城市共同体"我们"之间某种持续存在的归属关系。这种归属关系是在多向度的互动中确立的，它不仅涉及城市新移民的"我"，更涉及城市共同体的"我们"和其他群体的"他们"。对于城市新移民而言，"只有'我'，没有'我们'，认同的身份无以确立；只有'我们'，没有'他们'，认同的界限无以类别"①。也就是说，城市新移民身份认同是自我认同、"我们"认可与"他们"认异有机统一的结果。

（一）自我认同

由于迁移活动，城市新移民所处的地理位置、社会文化和生活环境等都发生了变化。正是这些变化致使其自我同一性解构，出现了"严重的无方向感和不确定性"，②于是，城市新移民不得不在变化中重新追寻内在的自我认同，审视关于自我的深层认知问题，如"我是谁？""我从何处来？""我将归属哪里？"等。对城市新移民而言，自我认同

---

① 詹小美. 民族文化认同论［M］. 北京：人民出版社，2014：17.
② 金太军，姚虎. 国家认同：全球化视野下的结构性分析［J］. 中国社会科学，2014（6）：4-23，206.

可以将其过去、现在和未来的自我连为一体，也可以将其内部状态和城市之间的关系协调一致，为其融入城市提供强大的内生动力，但这需要通过自我意识、自我归类和自我实现三个方面来完成。首先，在自我意识方面，城市新移民需要走出主观臆想的世界，避免陷入虚假的自我认同陷阱，对自我的身心状态、行为特征及其与城市之间的关系形成一种客观的认知和体验，进而在此基础上，有效引导和调节其自身的行为，适应城市的规范和要求，为城市新移民身份的自我认同提供理性指导，奠定认知基础；其次，在自我归类方面，城市新移民需要通过考察城市共同体成员的特征或属性，确定自我与其存在一致的品质或者特性，划定群体的归属关系，产生相应的集体感和归属感，这为城市新移民身份的自我认同强化了内在动机，增加了正向情感效应；最后，在自我实现方面，城市新移民需要通过充分发挥自身的才智和潜能，培养在机遇与风险之间把握平衡和自我反思的能力，提升建构其城市主体身份的主动权，"贯通所有的目标，尤其是从依从性中解放出来的目标和实现抱负的目标"①，积极为城市新移民身份的自我认同创造现实价值，提供实践支撑。

(二)"我们"认可

从时间上来看，新移民作为城市的后来者，要在城市追求美好生活，就必然要将"我"扩大并发展到"我们"，这一过程实质上就是新移民获得城市共同体"我们"认可的过程。马克思明确指出，"人的本

---

① 邢媛.吉登斯的现代性自我认同品格思想研究 [J].哲学分析，2021，12（1）：138-152.

质不是单个人所固有的抽象物，在其现实性上，它是一切社会关系的总和"①。这些社会关系在城市中因共同利益交织形成城市共同体——"我们"，城市新移民只有获得来自该城市共同体的"我们"认可，其身份识别的事实性存在才能得以承认，身份认同的合法性也才能得以确立，否则就只是一种自我想象。作为城市新移民身份认同的合法性来源，"我们"认可主要表现为：一是责任共担，新移民来到城市，需要同城市共同体"我们"一样，遵循城市共同体的秩序，如法律制度、风俗习惯和城规民约等，履行好维系城市共同体生存和发展的义务，担负起城市共同体成员之间合理互助和关切的责任，从而促使"我们"在城市中尽可能获得最优的生存空间和发展空间。二是利益共享，马克思指出，"人们为之奋斗的一切，都同他们的利益有关"②，而认同一旦离开利益，就一定会瓦解。从这种意义上来讲，"我们"认可意味着，允许城市新移民与城市共同体"我们"共同行使主体权利，合法占有社会资源，合理分配社会利益，共享城市的发展成果。三是思想共通，尽管城市新移民与城市共同体"我们"之间的异质性不可能完全消除，但二者思想需要相通，形成共同体的思维和理念，在理想图景、价值观念和规范准则等方面达成"我们"的共识，从而为城市共同体有序运转提供统一的方向指引。

（三）"他们"认异

身份认同是一种多向的互动过程。在此过程中，城市新移民不仅要

---

① 中共中央马克思恩格斯列宁斯大林著作编译局. 马克思恩格斯文集：第 1 卷 ［M］. 北京：人民出版社，2009：505.

② 中共中央马克思恩格斯列宁斯大林著作编译局. 马克思恩格斯文集：第 1 卷 ［M］. 北京：人民出版社，1995：187.

找寻其与城市共同体的共相，确立"我"与"我们"之间的归属关系，也需要通过"他们"认异，辨别"我们"与"他们"之间的群体异相，为"我"和"我们"的归属关系做出确证并划定边界。因为"他们"的存在本就是"我"和"我们"身份建构不可或缺的前提。爱德华·萨义德（Edward Said）指出："身份，不管是东方的还是西方的，法国的还是英国的，不仅显然是独特的集体经验之汇集，最终都是一种建构——牵扯到与自己相反的'他者'（others）身份的建构，而且总是牵扯到对于'我们'不同特质的不断阐释和再阐释。"① 因此，城市新移民在将"我是谁"扩展到"我们是谁"的同时，总是伴随着"他们是谁"的判断与阐释。这些判断与阐释立足于群体特性、共同利益和价值观念等因素，揭示"我们"与"他们"之间的群体差异，确认群体之别的心理边界和社会坐标，形成"我们"与"他们"不同的身份归属，由此清晰地投射出"我"的身份画像。查尔斯·泰勒（Charles Taylor）明确指出，"一个人不能基于他自身而是自我"，而"只有在其他自我之中"或者"在某些人的对话关系中，我才是自我"②。正是在这种群体视域交叉的对比之中，新移民对城市共同体的身份认知愈发清晰、情感皈依愈发强烈、行为塑造愈发自觉，这在一定程度上促使其催生出一种属于"我们"的身份认同，从而，"'我'与'我们'更加重合，'我们'和'他们'更加明晰"③。

---

① ［美］爱德华·W. 萨义德. 东方学［M］. 王宇根，译. 北京：生活·读书·新知三联书店，1999：426.

② ［加］查尔斯·泰勒. 自我的根源：现代认同的形成［M］. 韩震，等译. 南京：译林出版社，2001：48-50.

③ 詹小美. 民族文化认同论［M］. 北京：人民出版社，2014：23.

二、城市新移民身份认同的价值逻辑

价值逻辑是确定城市新移民身份认同的关键密钥，它贯穿城市新移民身份认同的整个过程，规划着城市新移民身份认同的发展趋势，展示了城市新移民身份认同在个人权益、社会和谐与共同体发展等层面上的功能性力量。

（一）个人权益

无论是否自愿迁移，新移民来到城市首先就要解决其在城市中的生存与发展问题，也就是要争取和维护个人权益，但个人权益需要以身份来确认获取资格。只有当城市新移民的身份获得认同时，"我"才可能在与城市共同体"我们"的多元交流与互动中找到准确的社会定位，建构合理的城市主体身份，从而使"我"的个人权益获取资格得到合法性肯定。这种合法性肯定具体表现在三个方面：其一是重塑本体性安全。本体性安全是"一种人与物的可靠性感受"①，其实现源于认同的建构与延续。由于迁移活动，城市新移民脱离熟悉的原生环境，失去"可靠性感受"的原有根基，而新进入的城市环境由于陌生且独特，不仅无法移植"可靠性感受"的原有根基，也不能自然嫁接原有的"可靠性感受"。这在一定程度上瓦解了城市新移民"我"原有的本体性安全，使其极易陷入"一种由焦虑、不安、忧虑、抑郁等感受交织组成的复杂情绪状态"②。城市新移民唯有立足城市环境，重新建构新的身

① ［英］安东尼·吉登斯. 现代性的后果［M］. 田禾，译. 南京：译林出版社，2000：80.
② 魏传光. 现代人的生存焦虑及其排解［J］. 理论与现代化，2010（5）：104-107.

份认同，才可能帮助其排解和控制这种复杂情绪，尽快融入城市共同体"我们"，并从"我们"所塑造的城市环境中汲取连续且恒久的"可靠性感受"，重新塑造"我"的本体性安全。其二是分配社会资源。社会资源是人们生存与发展的基础，但因其地域性和有限性，在分配上通常会以获取当地的主体身份作为前置性条件。对新移民而言，身份认同在一定程度上肯定了新移民在城市发展中做出的贡献，也确认了新移民作为城市发展主体的身份，使其能合法占有和获取城市中的社会资源，这为其生存与发展提供了必要的物质基础。其三是享有社会权利，身份是法律赋予公民社会权利的重要依据，人们一旦获得了某种身份，就意味着他获得了与此种身份相适应的种种权利①。在迁移过程中，城市新移民因原有的身份失落，对应的教育权、劳动权、获得物质帮助的权利等社会权利随之无法完全兑现，倘若无法获得新的身份认同，那么新移民只能游离在城市边缘地带，自身权益难以有制度保障。

（二）社会和谐

城市新移民是一个具有高度复杂性特征的群体，他们怀揣着对美好生活的向往，从不同地域背景汇聚到城市，但在城市中，其常常会因主体身份得不到认同，合法权益得不到保障，对"我是谁"产生深刻迷茫，出现归属感缺乏、身份焦虑等问题，为城市社会和谐发展埋下诸多隐患。城市新移民身份认同的建构恰恰能够直击导致这些隐患的根源，淡化或消除这些焦虑感和漂泊感，促进城市社会的和谐。之所以如此，主要是因为城市新移民身份认同具有两项功能，即规范功能与互动功能。就规范功能而言，身份认同一方面可以指引城市新移民在变化的环

---

① 覃明兴．移民的身份建构研究［J］．浙江社会科学，2005（1）：86-92.

境中识别城市主体的特征，并据此对自我身份做出新的理解、阐释和建构，"使自我和变化着的环境的有效联系得以重建，以免于主体存在感的失落"①；另一方面可以促使城市新移民依据主体身份要求约束自身言行，遵循城市的法律、制度等刚性规范，也符合城市主流文化、风俗等柔性规范，以便淡化其焦虑感，减少失范行为，免于激化社会矛盾。就互动功能而言，身份认同既可以让城市新移民在互动中向城市共同体"我们"表达融入城市和获取主体身份的诉求，也可以让城市共同体"我们"在互动中回应城市新移民获取主体身份的诉求以及阐明认可城市新移民主体身份的要求，这种有效沟通实现了城市新移民与城市共同体"我们"之间的互动对话，在一定程度上增加了二者之间的认知和了解，减少了二者之间的对抗与冲突，为城市社会营造了一种友善的氛围。

（三）共同体发展

尽管，城市新移民最初是以"他者"的身份来到城市，但经过身份认同，新移民不仅可以在城市"安身"，更重要的是还可以"立命"，成为推动城市共同体发展的重要的主体因素。因为，身份认同可以促使城市新移民在新的环境中逐渐形成一种蕴含和谐共存、共建城市、共享幸福的共同体理念。这种理念在城市新移民身份转变的过程中，逐渐深入其内心，驱散其内在的离散思维，成为主导其言行的核心理念，从而使得新移民在城市中重新找到"自我和社会归属关系的感觉"②，自觉

---

① 钱超英. 自我、他者与身份焦虑——论澳大利亚新华人文学及其文化意义 [J]. 暨南学报（哲学社会科学版），2000（4）：4-12.

② [英] 吉姆·麦圭根. 重新思考文化政策 [M]. 何道宽，译. 北京：中国人民大学出版社，2010：194.

自愿地融入城市共同体，汇聚力量，最大程度推进城市共同体的发展。需要注意的是，共同体理念并不会完全抹杀城市新移民的原生"印记"，一般来说，它遵循和而不同的逻辑，在不影响城市共同体发展的前提下，是允许城市新移民富有异质的原生"印记"存在的。不仅如此，很多的原生"印记"在不背离共同体理念的前提下，还会被城市共同体吸收、改造并利用，转化成新的发展动能，新移民文化就是典型的例证。所谓新移民文化，就是新移民原生文化"印记"在流动中通过适应、融合与裂变而成的一种新文化，它先天具有的开放性、包容性和创新性等特征使其创造性地改变着城市共同体"我们"的思维方式、生活方式和思想观念，并通过这些改变为城市共同体的发展注入无限的生机与活力。

三、城市新移民身份认同的实践逻辑

实践逻辑是确定城市新移民身份认同的现实密钥，决定着城市新移民身份认同的实现方式。因为"实践逻辑能借助一些彼此密切相关且在实践中形成一个整体的生成原则，组织起各种思想、感知和行为"①，为城市新移民建构身份认同规划出有效的行动图式。英国社会学家齐格蒙·鲍曼（Zygmunt Bauman）指出，"个体没有现成的认同，认同需要个体自身去建构并为之负责；换言之，个体并非'拥有一种认同'，而是面临一项长期、艰辛、永无止境的同一化的任务"②。因此，建构城

---

① ［法］皮埃尔·布迪厄. 实践感［M］. 蒋梓骅，译. 南京：译林出版社，2003：122.
② ［英］齐格蒙·鲍曼. 寻找政治［M］. 洪涛，等译. 上海：上海人民出版社，2006：150.

市新移民身份认同，不仅表现在符号与象征系统，更需要在长期的劳动实践和生活过程中加以明确。

（一）发挥集体记忆作用

在某种意义上，集体记忆是城市新移民身份认同建构的核心依据，也是涵养城市新移民身份认同的内在基因。这里的集体记忆主要是指城市共同体"我们"共同经验的累积，其所包含的事实、文化、情感、信仰等元素往往会在城市共同体"我们"的相互融合与作用之中，转化为一种具有归属意义的内在基因，这为新移民在城市重新建构身份认同提供了源源不断的动力，使其能够不断地通过学习、创建与强化集体记忆来化解身份认同的危机，实现身份认同的价值。集体记忆理论的开创者莫里斯·哈布瓦赫（Maurice Halbwachs）明确指出："当他们失去目标时，过去给予他们方向；当他们在外漂泊时，过去给予他们归属；当他们感到绝望时，过去给予他们力量。"① 如若离开集体记忆，新移民便无法在城市找到身份认同的核心依据，与城市共同体"我们"之间的裂缝也会不断扩大，焦虑、恐慌与迷惘充斥着新移民在城市中的生活和工作，这样的境况下，身份认同只能成为新移民的一种奢望。因此，建构城市新移民身份认同，必须采取措施保证新移民对城市集体记忆的"在场"。

首先，过去的"在场"。将城市集体记忆融入社会教育体系，确保城市新移民对未曾参与的城市集体记忆的共情性"在场"。集体记忆是一种身份标识，也是建构身份认同的主要来源，但过去的城市集体记

---

① ［法］莫里斯·哈布瓦赫. 论集体记忆 ［M］. 毕然，郭金华，译. 上海：上海人民出版社，2002：75.

忆,城市新移民未曾参与过,只能通过学习达到共情效应,促使"我"向"我们"实现同质性转化。德国学者阿莱达·阿斯曼(Aleida Ass-mann)曾指出:"只有通过历史学习,不同阶层的人才能转化为一个特定的同质的集体。"① 针对城市新移民的学习特征,相关部门可以将城市集体记忆融入社会教育体系,通过社区教育、单位教育、开办城市历史展览馆、举办城市纪念活动等途径,促使城市新移民学习和了解城市集体记忆,形成深度的共情效应,指引城市新移民建构身份认同,进一步融入城市共同体"我们"。

其次,现在的"在场"。鼓励城市新移民参与活动,增加城市新移民对城市集体记忆的现时性"在场"。整合城市力量与资源,通过观念变革、政策引导、群体带动等系列策略,鼓励城市新移民参与政治、经济、文化等各方面的活动,并通过这些活动为城市创造新的集体记忆。对城市新移民而言,这样现实性的"在场"记忆不仅让其对城市具有强烈的融入感、参与感,也可以给予其一种改变城市的可能——将自身的元素或希望借助活动镌刻在集体记忆之中,为城市新移民未来建构和守护身份认同提供一定的保障,毕竟"集体记忆定格过去,却由当下所限定,且规约未来"②。

最后,未来的"在场"。担负城市集体记忆的传承使命,保证城市新移民对城市集体记忆的延时性"在场"。集体记忆因传承而熠熠生辉,但传承不是简单的重复,而是需要保持一种稳定且连续的再现关

---

① [德] 阿莱达·阿斯曼,教佳怡. 历史与记忆之间的转换 [J]. 学术交流,2017 (1):16-25.

② [美] 保罗·康纳顿. 社会如何记忆 [M]. 纳日碧力戈,译. 上海:上海人民出版社,2000:37.

系。恰如哈布瓦赫所言："保证集体记忆传承条件是社会交往及群体意识需要提取该记忆的延续性。"① 在未来的时空场域中，可以通过书面化、镜头化或活动化的形式，不断重现城市集体记忆，提升城市新移民对集体记忆的深刻性，使其能够持续为城市新移民输入身份认同的强化基因。

（二）采取有效沟通策略

沟通是人们进行思想、情感、价值传递与反馈的过程，它对于城市新移民建构身份认同具有重要意义。事实上，城市新移民身份认同从来不是单方面的自我认同，而是包含了"我"与"我们"的双向认同。无论是"我"的认同或是"我们"的认同，都需要足够的信息支撑，而这些信息的获取正是建立在有效沟通的基础上。倘若离开有效沟通，城市新移民身份认同之路就会变得障碍重重，甚至成为不可能之路，因此，建构城市新移民身份认同必须采取有效的沟通策略。

首先，语言符号策略。语言符号是沟通的重要媒介，也是群体身份的重要标志，因此，人们能否融入某一群体，获得相应的身份认同，与其语言符号的掌握与运用密切相关。城市新移民虽然只是国内区间的移民，但中国本身是一个多语言、多方言的国家，城市新移民与城市共同体"我们"可能使用不同的语言符号。为了有效沟通，相关部门应在城市中大力推广通用语言——普通话，鼓励工作单位、学校、商场等公共场所使用双语服务，即普通话和城市方言，这样可以加速新移民融入城市，为其建构身份认同创造条件。对城市新移民而言，要熟练掌握普

---

① ［法］莫里斯·哈布瓦赫. 论集体记忆［M］. 毕然，郭金华，译. 上海：上海人民出版社，2002：335.

通话，与此同时也可以学习迁入城市的方言，如北京话、上海话、粤语等，这样新移民更容易获得城市共同体"我们"的认可，被划归为"我们"自己人。

其次，组织协调策略。组织是沟通的重要纽带，也是身份认同的重要途径。在城市中，通过血缘、地缘、业缘、学缘等建立新移民的社团组织，如会馆、商会、和谐促进会等，一方面可以让新移民表达诉求、争取权益和反映意见等，以期借助社团组织更加集中且有力的方式来与城市共同体"我们"沟通，进而获得城市共同体"我们"的重视、尊重以及认可；另一方面也可以向新移民传递城市共同体"我们"的要求，指引新移民跨越沟通障碍，重新认识城市中"我"和"我们"的身份，这在一定意义上为城市新移民身份认同的建构提供了保障。

最后，新媒体叙事策略。伴随信息技术的发展，新媒体成为人们沟通的基本载体。在城市中，充分利用新媒体技术，糅合文字、声音、图像、动画、视频等多元化形式，全方位发挥新媒体叙事功能，既可以使新移民更快也更容易接受城市文化，融入城市生活；也可以让城市共同体"我们"消除对新移民的污名化认知，正视新移民之于城市的重要意义。如此，便在新移民与城市共同体"我们"之间架起了一座桥，让双方可以走进对方的世界，无形中拉近了二者之间的社会距离和心理距离，为新移民在城市中建构身份认同提供了条件。

（三）提升环境包容功能

作为一种社会性标识，身份是社会结构的重要组成部分。尽管在社会结构中，每个人都可能拥有一定的身份选择自由，但并不是任何选择的身份都能被认同，事实上，身份认同的结果很大程度上要取决于社会环境。一个开放包容的环境，会使人们极易获得身份认同，被"我们"接纳；而一个封闭排外的环境，则会增加身份认同的难度，使人们容易陷入身份认同的困境。对城市新移民而言，迁移活动改变了其生活环境，使其带着对美好生活的向往，在城市中选择了一种新的身份，而这一身份要获得认同自然在一个开放包容的环境中更加容易实现。因此，建构城市新移民身份认同，需要采取措施提升城市环境的包容功能。

首先，营造包容性氛围。城市氛围是一座城市精神气质的外在显现，它以直观的环境体验，反映了这座城市对新移民的接纳意向，积极或消极地影响着城市新移民身份认同的建构。营造包容性氛围就是要创造一种良好的环境体验，让新移民在城市中感受到一种以尊重、公平与友善为基础的积极接纳，但这并非易事，需要综合施策，多点发力，做到正视差异，消除"我们"对城市新移民的偏见与歧视，遏制城市排斥现象的发生，形成相互尊重的城市氛围；注重公平，保证城市新移民享有平等的地位、权利与机会，能够共同参与城市决策，形成平等参与的城市氛围；倡导和谐友善，促使新移民在城市中感受到友爱和善，形成和谐宽容的城市氛围。

其次，兼容多样性文化。文化是身份的独特印记，也是身份认同的核心依据。城市新移民在建构身份认同时，需要适应城市的文化格局改变自身的文化，如价值观念、文化心理、生活习俗等，但因文化惰性或文化偏好，城市新移民不可能完全去除原生的文化印记。这就需要建立一个兼容多样性文化的城市环境，允许文化多样性存在于城市文化系统内，承认个体身份上独特的文化印记。当然，兼容多样性文化并不是没有原则、没有边际地"接纳"，更不是没有价值主导的"融合"，而是立足城市发展，创造一种"主旋律"与"多样化"交映生辉的城市文化环境。如此，既可以缓解文化的碰撞与冲突，减少城市新移民建构身份认同的文化阻力，也可以整合文化的多样优势，实现文化的互融共进，增加城市新移民建构身份认同的文化动力。

最后，建构共享性场域。城市新移民身份认同需要在一定的场域——"我""我们"与"他们"在相互交织的城市关系网络中协商和确认身份归属，"我"能否成为"我们"的合法成员在很大程度上依赖于这一场域的共享性。共享是最大的包容，也是对身份最好的认同。建构共享性场域，就是要在城市新移民与城市共同体之间建立合理的共享关系。这种关系应遵循公平发展的逻辑，缩小城市新移民与城市共同体之间的种种差距，如地位差距、权益差距、资源分配差距等，不仅要彰显公平，对处于弱势或边缘地位的城市新移民给予相应关注和基本保障，更重要的是要"授人以渔"，提供教育机会、扶持政策、职业培训等，提高城市新移民自身的发展能力，确保其可以通过自己的努力与劳动，合理合法地追逐自己的权益，获得有尊严的生活，与城市共同体平等地共享城市场域。

（四）提升法律制度保障

法律制度是公共意志的体现，也是城市新移民建构身份认同的重要依据和根本保障。假若没有法律制度的指引和保障，新移民在城市中的主体身份将失去合法性来源，其身份认同也会随之失去建构的基础。因此，建构城市新移民身份认同，需要完善法律制度以提供合法且有力的保障。

首先，提供市民化的制度支撑。市民化是新移民在城市中获取主体身份、提高身份认同的重要前提，其进程与速度会受城市制度，如户籍制度、就业制度、社会保障制度等影响。目前，各个城市虽然都在制度上给出了新移民市民化的相关指南，但这些指南在不同程度上存在内容不健全、准入条件高、保障不到位、操作难度大等问题，需要进一步完善和改革，打破城乡二元的户籍藩篱，建设公正平等的就业环境，健全城市的社会保障体系，提供详细的市民化操作攻略，为城市新移民加快向制度层面的主体身份——市民转变、建构其身份认同提供制度性支撑。

其次，完善身份权益的保障制度。从制度层面来看，身份是判定人们权利能力的重要依据，它可以通过特定制度安排人们对社会资源的权力占有及再分配，① 而身份认同正是一种认可并获取权益的过程。对城市新移民而言，只有完善城市中身份权益的保障制度，将城市新移民纳入保障的范围，有效保障其身份权益的获取，使他们在城市学有所教、劳有所得、病有所医、老有所养、住有所居，城市新移民才可能减少相对剥夺感，增加对城市的归属感以及对城市主体身份的认同度。

最后，建立身份认同的反馈机制。建立反馈机制是建构身份认同的重要方法。针对城市新移民身份认同，主要建立两种反馈机制：一是建立问题反馈机制，通过定期调查、访谈等方法，切实了解城市新移民身份认同的诉求，发现城市新移民身份认同建构存在的问题，为及时制定并完善城市新移民身份认同的制度提供问题导向；二是建立工作反馈机制，通过自我检查和满意度调查等方式，了解建构身份认同的各项制度

---

① 闫国疆.社会记忆、民族身份与国家认同［J］.中央社会主义学院学报，2019（6）：95-107.

的落实情况，结合其落实情况以及工作目标改进工作方式，以便提升工作效率，助力城市新移民身份认同的建构。

城市新移民身份认同是一种建构性认同，其建构遵循的并不是单一的逻辑形式，而是一种集结构、价值与实践于一体的辩证逻辑体系。只有成功解锁这一逻辑体系，才可能在"我""我们"与"他们"交织的复杂关系中明确城市新移民身份认同的本真内涵，在个体、社会与共同体等不同维度上确认城市新移民身份认同的目标效果，在实践与生活过程中掌握城市新移民身份认同的实现方式，促使其有效建构身份认同，获得融入城市的"身份证"。

当然，城市新移民身份认同不是一次完成的，而是一个长期发展的动态过程，一般要经历由浅到深、由弱到强、由低到高，不断提升身份认同程度的过程。在这一过程中，由于某些主客观原因，这种动态变化可能会使城市新移民身份认同存在差异，也可能会使城市新移民身份认同出现反复或循环的情况，但只要科学遵循城市新移民身份认同的逻辑体系，将其与具体的情况相结合，那么城市新移民身份认同依然可以有序建构，不断提升。

改革开放以来，经过40余年的城镇化加速发展，城市新移民已然成为中国城市化进程中人口增加的主要来源，也成为创造中国式现代化道路的重要力量。在新时代的大背景下，随着新型城镇化战略的深入推进，城市新移民的规模持续扩大。面对如此庞大的群体，如何通过转变其身份，建构高质量的身份认同，最大程度释放其蕴含的活力与潜能，成为新时代追求美好生活，推进中国城市化进程，坚定不移地走中国式现代化道路所必须面对和解决的时代课题和现实课题。

第三节　提升移民身份认同的策略

提升移民身份认同关键在于构建移民的话语权以及促进移民的职业认同，使其从"他者"身份转变为"自己人"身份，并能够在城市中"扎根"，融入城市社会生活当中。

一、构建城市新移民的话语权

新移民是伴随城市化发展而产生的一个特殊群体，他们以"他者"的身份加入城市，并努力融入城市转变成"自己人"。这一转变的实现并不容易，它需要在众多因素之间进行博弈，而作为身份标识的话语权正是其博弈的核心因素之一。对于城市新移民而言，话语权不仅仅意味着他们对城市各项事务具有话语表达的权利，更意味着其话语表达在城市中具有影响力。然而在现实的境遇中，城市新移民的话语权处于弱势状态，这为其身份转变增添了博弈难度，也在一定程度上影响了城市化发展的进程，因此，针对城市新移民话语权的弱势状态有的放矢，积极探索城市新移民话语权的构建路径成为亟待解决的重要课题。

（一）城市新移民话语权弱势的表征

近些年来，尽管城市新移民话语权得到了提升，但相较于城市"自己人"的话语权，其呈现出了话语数量少、话语力量散和话语分量轻等弱势表征。

话语数量少，是城市新移民话语权弱势的基本表征。正所谓"钟不敲不响，话不说不明"。话语作为一种沟通工具，确实可以表达主体意愿，亦可以引起关注，影响他人或群体的决策，而这一切首先需要建立在"说出来"的前提之下。在融入城市的过程中，新移民似乎有意或无意地忽略了这一前提，结果导致其面对城市各项事务时不是不愿"说出来"，就是难以"说出来"，无形之中减少了话语数量，弱化了新移民的话语权。长此以往，新移民只会在喧嚣的城市之中逐步沦为失语一族。

话语力量散，是城市新移民话语权弱势的重要表征。"说出来"并不是话语的目的，却是让人倾听话语的重要途径。要使这一途径效果最优，需要汇集所有力量合成最强音，大声"说出来"，而这恰恰是新移民话语权的弱势所在。新移民虽然汇聚于城市，但他们来自不同的地方，有着不同的背景，怀着不同的目标，分散于城市的不同行业之中，这种种不同无疑凸显了新移民内部的离散特质，分散了新移民的话语力量，成为新移民合成最强音的重大障碍。既是如此，话语"说出来"也会因其声音杂乱而不能在城市之中获得倾听，那也是枉然。

话语分量轻，是城市新移民话语权弱势的核心表征。话语分量是决定话语效果的核心要素，其轻重虽受话语数量与话语力量影响，但归根结底取决于话语主体实力的强弱。新移民一来到城市就主动或被动地背负着"他者"的身份，这个身份揭示出了其所面临的一种尴尬境地——人微言轻，即便新移民说出了真话，也常常会因其无实力支撑不被重视，甚至遭遇质疑。不可否认，有部分新移民的确经过努力可以凭借实力说出有分量的话语，但这依然没有改变新移民整体实力处于弱势的状态，自然也就无法彻底改变新移民群体话语分量轻的局面，而这样的局面正是新移民话语权弱势的核心表现。

（二）城市新移民话语权弱势的原因

城市新移民话语权之所以呈现出上述弱势表征，追根究底，主要是因为主客心态较重、话语组织缺失和权力保障失衡等造成的。

主客心态较重。"自己人"与"他者"两种不同的身份，使得城市原住居民与新移民之间形成了鲜明的主客心态，即主人心态和客居心态。无论是哪种心态在异化中走向偏狭，都会成为新移民话语权被削弱的重要因素。从主人心态层面来看，原住居民将自己作为城市主体，虽然可以"好客"，却忌讳客人"喧宾夺主"，这一忌讳在异化中转化为一种排斥、歧视心理，从而使其难以接受、包容和认同新移民及其对城市的贡献，这无异于从主观上抹杀了支撑新移民话语权的基础。从客居心态层面来看，新移民将自己作为客居城市的"他者"，自然讲究"客随主便"，这份客气看似尊崇礼仪，却不合时宜，反而使新移民在城市中没有了归属感，说话做事缺乏底气，其话语权也因此而大打折扣。

话语组织缺失。新移民从五湖四海来到迁入城市，可是他们在城市中的组织化程度较低，难以找到相应的话语组织为其凝聚话语力量，增加话语筹码，更不用说合成话语最强音，有效代言发声。即便存在同乡会类似的组织，但其形式单一，地域性较强，只能在一定程度上汇集同乡之音，这与整个新移民群体的声音相较而言，不仅弱了许多，而且还存在地域排斥的可能和分散话语力量的隐患。如此看来，已有的同乡会并不足以独立担当起整个新移民的话语组织，可是其他的话语组织基本上还没有建立起来。显然，新移民的话语组织是缺失的，这不仅不利于改变其话语权先天的分散特性，反而还会使其话语权陷入一种放任自流的境地，助长了其话语弱势之态。

权利保障失衡。权利需要通过话语来表达，但同时也为话语提供着强大的保障。新移民一开始就处于不利地位，这不仅因为他们是城市的后来者，失去了获得权利的先机，也因为权利运作本身存在一定程度的滞后性，不可能时刻反映城市新移民的变化。无论是前者抑或后者，皆会让权利的天平偏离新移民，而其话语权也会因此很难及时获得相应的组织平台、运行机制和管理制度等的权利保障。得不到有效的权利保障，即使城市新移民话语权是公民言论自由权的题中之义，但其落实起来依然会变得十分艰难，甚至成为一种空谈。

（三）城市新移民话语权的建构路径

建构城市新移民话语权是一项重要的博弈工程，要做好这项工程需要做到有的放矢，针对其弱势问题积极探索建构路径，增加博弈筹码。

强化主人心态。无论基于何种原因、何种目的，新移民来到城市，就需要将城市作为自己的家。既是家，理应有主人的自觉与心态。首先，新移民要摒弃客居心态，明晰其并不是城市的客人，而是同原住居民一样属于同一个群体——城市主人，并努力与原住居民友好相处、平等交流和有机融合，形成和谐的主体关系，使其更容易对城市产生归属感。其次，新移民要充分认识城市的历史文化，接受城市的风土人情，尊重城市的发展规律，尽其所能爱护和守护城市，并在这一过程中逐渐加深对城市的认同感。最后，新移民要承担起城市主体的义务和责任，在遵守城市规范的前提下，不断提升其自身的实力和存在意义，为城市发展做出贡献。

发展话语组织。作为一个蕴含离散特质的群体，新移民只有发展话语组织，借助组织的优势，才可能有计划、有目的地配置其内部的有限资源，合理整合其分散的话语力量，从而为其融入城市发出最强音。新移民发展话语组织需要从以下两方面着手努力：一方面是要强化已有话语组织的功能性，使其切实地发挥话语组织的整合、协调、凝聚等作用，增加新移民话语博弈的筹码；另一方面是要根据新移民融入城市的需要成立新的话语组织，如新移民工会、新移民协会、新移民法律援助会等，并赋予这些组织相应的权利和保障，使其能为新移民满足合法诉求、维护平等权利和解决现实问题等搭建有效的话语平台，保证新移民的话语权。

完善话语制度。新移民话语权的建构离不开完善的话语制度，一方面它需要话语制度为其提供正确的方向指引，另一方面它也需要话语制度为其提供有力的制度保障。完善话语制度对于新移民而言需要落实好以下三方面的工作：首先，坚持落实平等的社会制度。无论是新移民还是原住居民，都享有公民基本权利，这种权利并不会伴随空间的迁移而消失，因此，在城市中需要坚持落实平等的社会制度，合理分配公民享有的各种社会资源，话语资源自然也不例外。其次，建立新移民特殊的话语制度。新移民因迁移而有着特殊的群体特征，这些特征使其在某种程度上与原住居民获得话语权的方式或路径存在一定差异，因此需要针对这一情况，建立新移民特殊的话语制度。最后，健全新移民话语权的监督反馈机制。这一措施不仅可以全面了解话语制度的落实情况，也可以针对其种种偏差行为迅速而高效地矫正和制约，极大地提升了话语制度供给和执行的有效性。

二、新兴移民城市应促进移民的职业认同

改革开放以来，我国一些城市因优越的地理位置、政策倾斜或既有的发展水平较高等，吸引了大量外来人员，形成了一种新的移民城市类型。有研究者将其称为"新兴移民城市"（如深圳）。一般而言，新兴移民城市因其流动性而保持着较好的发展速度，但同时也面临着移民的社会融入性不高等问题。因此，如何促进移民良好融入其所移入的城市，并促进新兴移民城市的长期稳定繁荣，是诸多研究者思考的主题。本书认为，从职业的角度来看，新兴移民城市不断增强移民的职业认同，有助于相关问题的解决。

（一）何谓移民的职业认同？

职业认同也叫职业同一性。它一般是指主体对自己所从事职业的一种正向的价值肯定和积极的态度追求。细言之，职业认同并非凭空产生的，而是具有特定的基础，如职业价值观、职业角色观、职业行为倾向及职业归属感等。由此可以说，职业认同是个体在正确、合理的职业观念与倾向的基础上形成的对于职业的亲近感、认可性和积极的态度追求。而所谓移民的职业认同，则是指移民在移入城市中，对自己所从事工作的一种接受、认可和肯定的态度与追求。

（二）为何要促进移民的职业认同？

对于新兴移民城市而言，促进移民的职业认同，具有以下三方面的意义。

首先，促进移民的职业认同有助于移民产生积极的职业态度与行为，产生良好的职业成果，并有益于整个移民城市的不断发展。在职业

生活中，个体的职业认同对其在职业中的表现及职业的发展，具有非常重要的影响。一般情况下，如果对职业的认同感较弱，个体在职业生活中的表现往往为"中规中矩""得过且过"，有时甚至还无法达到职业的基本要求。对于个体而言，此时的职业更多是一份"工作"，仅为生存的一个手段。此时，个体虽然能够在一定程度上为职业甚至其所处的社会做出一定贡献，但缺少"活力"。如果对职业的认同感较强，个体则在职业生活中往往有着积极甚至超常的表现。具体言之，个体往往会以积极的态度和行为面对职业，并且乐于、勇于探索职业的各种可能性，使得职业中的自我及职业均能充满生机和活力。对个体而言，此时的职业更是一种"事业"，个体"对此项事业的责任心成为行动的指南"。在这种情况下，个体会调动各个方面的积极性，并运用较为专业的行为处理职业中面临的各种现象。由此，数量众多且质量较高的职业成果极有可能会不断涌现。受益于此，受多种职业深刻影响的整个移民城市也会日益充满生机与活力，处于不断发展的状态中。

其次，促进移民的职业认同有助于增强个体与职业的联系，进而促进新兴移民城市的社会整合。随着历史的发展，社会分工体系越来越精细。可以说，高度清晰的劳动分工，即把工作划分为具体的、具有专门要求的职业，是现代社会的一个突出特征。按照涂尔干的基本观点，在促进此种社会的社会团结或者社会整合时，我们不能再依赖于人们之间的相似性，而是需顺应社会的发展趋势，尊重社会分工，并通过社会分工中的有机联系，实现社会的整合。因此，在分工体系越来越明确的社会中，个体通过职业这一纽带与社会建立链接，成为个体融入社会，也是社会实现整合的重要途径之一。正如涂尔干所言，劳动越加分化，个人就越贴近社会。① 对于那些在改革开放后迅速发展，且深受市场经济影响的新兴移民城市而言，良好的社会分工是其重要特征之一。在这种情况下，职业就成为个体与社会连接的重要纽带。由于移民的职业认同所涉及的重要方面之一即移民对职业的认可和接受，因此，促进移民的职业认同，可以在增强其对职业的接纳感的同时，密切其与职业及职业团队的关系，增强其集体融入性。借助于职业这一中介，社会可以在各个不同的职业群体及其中的个体间建立密切的社会联系，进而实现社会的整合与不断融合。

最后，促进移民的职业认同能够有效地提升个体的道德水平，进而有助于移民城市的思想道德建设。在职业认同中，重要的内容之一是移民对职业伦理的认同。一般认为，职业伦理是该职业的从业人员所需要遵守的一套特殊规范体系。它是道德规范的一个组成部分。因此，移民进行职业认同的过程，实质上同时是一个个体不断进行道德社会化的历程。移民由此掌握特定的规范、内化相关的价值观念并用这些内容来指导自我的职业行为与生活。在这种情况下，移民在职业方面的道德水平自然会有所提升。此外，作为一般道德规范的有机构成部分，移民职业道德发展往往也会促使其整个道德结构的完善，这进而提升了移民的个体道德水平。对于移民城市而言，移民的职业认同在两种方式上有助于移民城市的思想道德建设。一是移民个体的方式。每一个移民作为城市中的一分子，其道德水平的提升无疑会促进整个城市思想道德水平的提高，而且，这为移民城市进一步的思想道德建设提供了良好的基础。二

---

① ［法］埃米尔·涂尔干. 社会分工论［M］. 渠敬东，译. 北京：生活·读书·新知三联书店，2017：91.

是职业群体的方式。在现代社会中，职业团体作为一种个体与社会之间的中介，对于良好社会的建设具有重要意义。它能够将个体凝聚起来，以超越个体之和的力量促进社会的发展。正如一些研究者指出的那样：个体只有通过职业群体的功能化和道德化，才能真正构建一个更高的政治体。① 在移民城市的思想道德建设方面，移民因认同职业而产生的力量，可以发挥同样的作用。

（三）如何促进移民的职业认同？

在明确了移民职业认同的价值意义后，需要探讨的一个重要问题为移民的职业认同应该如何促进。职业认同由于影响因素众多（个体、家庭等），因而相应的对策也就多种多样。本书将主要从移民城市的角度出发，探讨如何促进移民的职业认同。

第一，不断挖掘各种职业的特点，并促进各种职业之间的交流。认同的过程既是一个"求同"的历程也是一个"求异"的过程。所谓"求同"，是指个体在认同特定事物时，需要寻找相似群体、相似特征等；所谓"求异"，则是指个体在认同过程中，需要鉴别出自己的认同之物与其他事物之间的区别等。后一过程虽然仅是一个比较的过程，但对于个体的认同具有重要的作用。个体如果在比较中并未发现认同标的物与其他事物的差异，则会因找不到关键的表现特征或无法满足自我心中的特殊性渴求，而觉得认同无足轻重，进而减弱或者放弃对某件事物的认同。因此，在促进移民的职业认同时，移民城市首先要挖掘各种职业的特点，让从事各种职业的移民清晰地认识到所从事职业的特殊性所

---

① 渠敬东. 职业伦理与公民道德——涂尔干对国家与社会之关系的新构建 [J]. 社会学研究，2014，29（4）：110-131，244.

在，并以此为前提，为各种职业人员之间的交流提供机会或平台，让移民在比较过程中强化对本职业的认同。

第二，总结每种职业的特殊优势，并将其与职业中的各种角色建立关联。一般情况下，当个体的认同之物好于其他事物或者具有明显的优势时，个体的自豪感会明显增强。而当这种优势与自己的角色密切相关时，个体的归属感则会大幅度提升。基于这样的原理，移民城市在促进移民的职业认同时，需要做两个方面的工作：其一，移民城市需要总结各种职业的特殊优势，并让从业者知晓。这里需要注意的是，移民城市是"总结"而不是强行赋予某种职业的优势，而且，这种优势应该具有职业特殊性。如此，才能让移民信服、热爱并认同职业。其二，移民城市还需要将总结出来的职业优势与职业中的各种角色建立关联。这样，移民才会更为切身地体会到优势是真正"属于"自己的，而不仅仅是整个职业。通过这些方式，移民能够因职业的优势而产生职业归属感。

第三，凸显各种职业的特殊价值，并将职业与移民城市的发展联系起来。从短期效果来看，总结并呈现职业的优势，可能会对移民的职业认同产生积极作用。但从长期发展而言，凸显各种职业的特殊价值，则有助于让移民产生一种"责任感"和"事业心"，有助于移民对职业的长期认同。因而，移民城市需要基于各种职业在社会发展中的角色、贡献，凝练其特殊价值并予以凸显，让人们意识到各种职业的价值与意义。在此基础上，移民城市还可以将各种职业与本城市的发展联系起来，让各种职业的从事者意识到并看到自己的职业对于其所生存、生活之城市的作用和效果。由此，移民因职业这一中介而建立起来的价值感、意义感会促使其不断认同自己所从事的职业。

总而言之，对于新兴城市而言，各种职业本身就是整个城市发展的重要力量所在。而增强移民对于职业的认同，不仅能够发挥职业本身的作用，还可能会产生诸多额外的积极效果。因此，移民城市，尤其是新兴移民城市，应不断促进移民的职业认同。

第四节　城市新移民价值认同的内涵意蕴

价值认同指的是人们对某种价值规范、价值观念、价值理想的认可和同化，进而达成价值取向一致，获得价值共识。有了价值认同，人们之间就有了共同的价值观念。理解价值认同问题，重要的是把交往实践中人的行为和实践选择的自主性，与价值观的问题联系在一起来看待，即把价值认同看作价值主体之间通过变化着的关系（对话、交往、混乱）使自身的价值观念或价值结构获得重新定位和重新调整的过程。它既可以作为某种观念、理论而被理解和运用，也有可以为某种价值实践活动而表现为一定的行为和实践选择。① 明晰城市新移民价值认同的丰富内涵，可以为新移民更好地认同城市文化和融入城市生活提供价值遵循。

一、价值规范是城市新移民价值认同的重要基础

价值规范指的是为实现价值目标而制定的，供社会群体诸成员共同

---

① 贾英健. 认同的哲学意蕴与价值认同的本质［J］. 山东师范大学学报（人文社会科学版），2006（1）：10-16.

遵守的准则。新移民对城市价值规范的认同度越高，对城市的价值认同也会越高；对城市的价值认同度越高，其所在城市的价值规范也会越完善，如此形成良性循环。可见，价值规范是城市新移民价值认同的重要基础，为新移民提供了认同素材。

首先，增进城市新移民价值认同，需要建立和完善城市的价值规范。新移民为了更好的生活与发展来到新的城市，可见他们具有强烈的自我意识和主体意识。针对这一主体特性，城市应完善相应的价值规范，引导新移民为城市发展建言献策，扩宽新移民的言论发表渠道和社会生活领域。除此之外，建立符合社会主义核心体系，同时又与新移民原有价值体系相契合的价值规范，更有利于营造良好的价值氛围，提升新移民的价值认同感，对于新移民在城市立足、生存和发展具有重要意义。

其次，增进城市新移民价值认同，需要接受和认可城市的价值规范。城市价值规范一经建立、不断完善，便会对所有市民起到稳定而持久的约束作用，新移民也不例外。凡是不认可所在城市价值规范的新移民，在这座城市中生活便会"如坐针毡"，难以找到自我实现的意义和可能。相反，接受和认可其所在城市价值规范的新移民，便意味着这些价值规范将逐渐内化为自我的思想意识和价值观念。在一定意义上也可看作新移民的社会化、城市化。

最后，增进城市新移民价值认同，需要遵守和践行城市的价值规范。在价值规范的指引和约束下，城市新移民经过无数次的实践经验总结，逐步形成在某种特定情境下应当如何行动的习惯和信念，为其价值认同奠定了良好的信念基础。由此可见，通过价值规范来指导新移民的价值活动，能够进一步夯实新移民的认同成果，深化新移民的价值认同，为共同生活的城市贡献自己的力量。

二、价值观念是城市新移民价值认同的核心内容

价值观念是人们对于事物是否具有价值、具有多大价值的总的看法和根本观点，是人们进行价值认同的核心内容。同理，一座城市所呈现出来的价值观念是这座城市新移民价值认同的核心内容。

从微观方面来看，价值观念是个人精神世界的核心。在人的精神活动中，价值观念具有定向作用，为人的日常交往提供方向性指导。个人的价值观念为城市新移民提供了人际交往的取向，不仅成为新移民社会交往的调节剂，还构成每一位新移民的心理定势，成为其过好城市新生活的价值观基础。新移民接受城市价值观念并转化为自己的价值观念，必将促进自身对城市的价值认同。然而在现实生活中，也会出现群体间价值观念相互冲突，产生危机的情况。这便是"价值冲突"或"价值危机"。消除"价值危机"，重塑新移民的价值观念，需要全社会的共同努力。在文化融合和价值认同过程中，价值冲突在所难免。因此需要新移民以开放的心态，在价值观念的碰撞中形成较为准确的价值理解，寻求对核心价值观念的认同，解决好实际生活中出现的价值取向不明或混乱等问题。

从宏观角度来说，价值观念是城市文化体系的核心。经济体系是城市赖以生存和发展的支柱，政治体系和文化体系则是它得以长久稳定的"两翼"。单看"两翼"部分，其中文化方面的因素是城市文明发展最深层次的动因。由此可见，城市文化体系在城市发展中占据重要地位，

作为城市文化体系之核心的价值观念自然也发挥着重要作用。新移民进入城市，最先接触的是商业的繁华，伴随时间推移，才会开始慢慢感受城市文化的独特魅力，不知不觉将城市价值观念积淀于思想深处。这体现了城市价值观念的稳定性和持久性。也正是因为这一特性，使得新移民一旦接受了城市价值观念，便愈发生出要做"城市主人翁"的价值心理，于无形中达成价值认同。一言以蔽之，新移民价值认同的核心内容是城市价值观念，形成对城市价值观念的认同是新移民价值认同的关键。

三、价值理想是城市新移民价值认同的最高标准

价值理想是对现实世界的某种预测性的价值反映，与价值规范和价值观念的空间范围形成强烈对比。价值规范和价值观念是既存的，价值理想是未来的；价值规范和价值观念是实然的，价值理想是应然的。城市的价值理想蕴含着每位成员对城市未来发展前景和发展成果的价值期望。倘若新移民不仅认可过去的、已形成的城市价值观念，而且对未来的、可预见的城市价值理想达到认同，那么就可以将其视为城市新移民价值认同的成功范例。

价值理想何以成为城市新移民价值认同的最高标准，有以下几点原因。第一，价值理想高度概括了价值规范和价值观念的内容。城市的价值理想反映了人们一定的需要和愿望，这一需要和愿望又体现为城市生活中的某种规范和观念，由此为新移民价值认同提供了内在依据。也就是说，价值理想事先规定了新移民应有什么样的价值规范和价值观念，展现了新移民价值认同的更高维度。第二，价值理想是衡量人的价值活

动正当性的重要尺度。当新移民理解了他在城市中奋斗的历史使命和生活意义，那么就代表着他已基本契合城市当前的价值理想。只有符合城市价值理想的行为，才能称为合理的、积极的创造行为。新移民在城市中的生活充满了价值色彩，例如，选择什么样的职业，过一种什么样的生活。倘若新移民以"能够为城市做出自己的贡献"为自身选择职业或岗位的价值取向，那么这便是极为契合城市价值理想的担当行为。第三，价值理想的特点是指向未来，既能够指导现实，也能够转化为现实。城市价值理想指引新移民价值认同的方向，同时又指导新移民将价值认同与具体生活实际相联系，充实个人美好生活。一般而言，城市价值理想的内容包括城市物质文明与精神文明的发展方向、发展目标、发展规划和发展潜力等。这表明，新移民价值认同不应拘泥于当前现状，而应着眼于城市未来发展的方方面面，力图获得更为深刻的自我观察能力，加深对价值理想的感悟。

综上所述，城市新移民价值认同主要包括对城市价值规范、价值观念和价值理想的认同。其中，价值规范是重要基础，价值观念是核心内容，价值理想是最高标准，三者缺一不可。新移民要顺应时代的发展，迎合时代的需求，更好地把握城市发展动向，提升对城市的价值认同感，向着新时代美好生活奋进。

第五节　移民价值认同的现状

价值认同是社会中绝大部分成员在"价值观"层面的"最大公约

数",表现为相同或相近的价值立场、价值目标和价值标准。当现实的外在文化表现——具体的文化样态、文化模式与文化精神,伴随着其主体——人的迁徙而流动,并以城市作为这类人群稳定的生活空间。人的流动是文化流动的基本前提,也是移民城市不断发展的现实基础。对移民城市来说,实现价值认同是凝聚共识、汇聚力量的必要条件,更是推动文化繁荣发展的题中应有之义。① 这里以两个城市为例,呈现移民价值认同的现状。

一、广州新移民群体的现状与对策

广州是改革开放的前沿城市和发达地区,新移民群体从农村到城市,从欠发达地区到发达地区,从国外到国内一直都是移民的热门城市。本书从与广州新移民密切相关的蓝领群体、非裔群体、白领群体等进行分析,探讨广州新移民群体的构成,以及提高新移民群体整体形象的空间和途径。

（一）广州新移民群体的构成

经过 40 多年的发展,广州新移民数量巨大、类型多样。《2023 年广州市国民经济和社会发展统计公报》数据显示,广州市常住人口 1882.70 万人,户籍人口 1056.61 万人,其中,户籍迁入人口 22.05 万人,迁出人口 4.28 万人。然而广州新移民群体在地域、职业、阶层和文化背景方面存在很大差异。作者通过对相关文献的梳理分析,认为广州移民群体主要有三类:一是被边缘化、成为移民弱势群体一部分的蓝

---

① 陈少雷. 全球化背景下的文化流动与价值认同 [J]. 特区实践与理论,2017 (5):53-57.

领工人，即蓝领移民群体；二是大量非裔移民群体，即非裔移民群体；三是智力型移民群体，即白领移民群体。

蓝领移民群体。蓝领移民群体是指在雇佣关系中，以付出劳动力获取相应报酬的农民工群体，因此被称为"劳动力移民"。① 他们移民的主要目的是通过在城市寻找就业机会获得一定的工资。首先，劳动力移民通过付出劳动力谋生。年轻和良好的体质是城市农民工获得报酬的资本。然而，这种体力劳动本身就决定了它的弱势地位。以工资收入为主要经济来源，难以享受到企业的福利和社会保障。其次，城市农民工的层次化非常明显。只有部分农民工依靠自己的努力，有良好的经济基础，工作相对稳定，家庭负担小，才能够顺利地通过城市的筛选机制成为"新广州人"。

非裔移民群体。非裔移民群体指广州的非洲裔居民。概括来说，非裔移民群体中非裔移民群体的比例高，且多为临时居民，在华居住的时间较多为六个月以下，大多数从事小商品和贸易服务类职业，许多非裔美国商人住在广州的特定移民定居点。② 如广州小北路是目前广州非裔移民聚集最多的社区，小北路很久之前原本是穆斯林社区，其中有信仰伊斯兰教的非裔移民定居此处。此外，该聚集区还包括广州的三元里等，并且非裔移民群体不断向广州各个地区扩散。

白领移民群体。白领移民群体即白领族，代表智力型群体、非体力

① 刘志山. 移民文化论丛（2014）[M]. 北京：中国社会科学出版社，2016：27.
② 王亮. 断裂与重构——广州市非洲裔群体社会支持网络的现状及对策 [J]. 学理论，2015（6）：58-61.

劳动的工人，如公务员、教师、医生、律师等，是与蓝领相对照的群体。[①] 白领通常是具有专业工作能力、公司专业人员。白领移民群体中的大多数都接受过高等教育，他们在学习能力和可接受性方面具有更大的优势，并且具有更强的适应移民生活的能力，更好地解决了老一辈移民群体所担心的语言交流和文化融合问题。

（二）广州新移民群体存在的问题

多年来，广州一直是我国多个城市中主要吸纳外来人员的城市，为多个地区和城市的人民提供了就业机会。但广州新移民群体的形象还存在着不少问题，如蓝领移民群体面临知识水平较低、工作强度大问题；非裔移民群体面临的社会认同、种族问题及语言沟通方面的障碍；白领移民群体面临的文化认同、地域差异、教育背景等各种社会问题。

蓝领移民群体面临的问题。从工作性质的角度来看，广州的蓝领移民群体主要依靠劳动力、在企业工作等来改善其经济条件和社会地位。蓝领移民群体面临各种制度的限制。第一，教育制度的限制。劳动力移民子女的受教育权受到歧视，有些学校在限制劳动力移民子女的受教育方面存在问题，这使得劳工移民群体感到焦虑。第二，就业制度的限制。劳动力移民被排除在城市就业之外，这使得劳动力转移存在于低收入要求、恶劣工作条件和不稳定的就业条件的劳动力市场中。第三，户籍制度的限制。随着改革开放的推进，中国的生产力得到了极大的发展，但城市户籍仍然保留了公共产品在社会保障和教育方面的优势，劳动力移民群体在就业、儿童教育、社会福利和社会保障方面得不到同样

---

① 张艳. 智力型移民的文化传播及对都市文化的重构——以新世纪以来的广州为例 [D]. 广州：华南理工大学，2017：2.

的待遇，无法获得城市公民的身份福利。此外，城市居民与劳动力移民之间的矛盾与日俱增。如城市公共资源，在大量移民群体的城市涌现后，居民可以享受的份额明显缩小，由于人口密度的增加和激烈的竞争，一些劳动力移民群体渴望赚更多的钱，甚至铤而走险，不遵守法律法规，这些都在一定程度上影响了城市的安全状况。

非裔移民群体面临的问题。广州市区和郊区的非裔移民群体聚集成为一个重要问题。这些外籍移民来到广州定居成为城市不可分割的一部分，并且面临各种问题。第一，非法移民的管理问题。在面临移民群体非法入境、非法就业、非法居留等问题上，政府虽然已制定相应的法律和制度来应对这种情况，但效果非常有限。第二，文化和语言差异。非裔移民与普通的国内移民不同，针对两个群体的语言需求而言，大多数非裔移民不懂中文，而且有的不能用英语交流，这使得广州移民群体存在语言沟通障碍。第三，原住居民认同障碍。对于广州的原居民来说，非裔移民群体的聚集给当地人民带来一定的文化冲击，大量移民的原有社会空间引起了一定程度的变化，密集的人口使得社会公共空间过于拥挤，许多广州当地人希望与非裔移民群体保持一定的空间距离。尽管广州社会经济发展迅速，但两千多万的城市人口对城市管理施加了巨大压力，外国移民纷纷聚集广州，使得当地居民活动和工作的硬件设施紧张的问题更加突出，各方面的资源显得捉襟见肘。第四，种族问题的隐患。当非裔移民群体聚集起来带来一些社会保障和秩序问题，同时带来利益竞争时，就容易出现种族问题。虽然广州是一个开放的国际性城市，但非裔移民和当地人的矛盾也是现代广州的新问题。

白领移民群体面临的问题。白领移民群体虽然大部分受过良好的教育，但也存在文化特征和身份焦虑的问题。一是家乡地域，二是学校教育。虽然知识分子移民从上学到进入城市工作和生活会受到当地文化的影响，但由于地理差异、城乡差异、成长和教育背景的差异，白领移民（智力型移民）往往表现出与城市当地文化在饮食、生活方式、习俗等方面不同的偏好，智力型移民群体身上迁出地文化的影响力无法消除。此外，智力型移民既有农村户口也有城市户口，他们不仅受区域文化的影响，而且还受城乡差距的影响。大量智力型移民带来的异质文化的传播对当地文化产生了一定的影响，一些智力型移民群体具有的自身文化资本可能会嵌入和重建到当代移民文化中，一方面引领信息时代城市的快速发展。另一方面，这一群体获取资源有限，越来越多的人难以摆脱政治、经济甚至文化资本的恐慌，导致了智力型移民文化倾向的局限性。

（三）广州新移民群体问题的对策分析

在当前形势下，必须通过努力提高劳动力移民的质量来解决劳动力移民群体面临的问题。首先，企业和各类非政府组织应加强劳动力移民教育和培训，当前要大力提高劳动力移民质量，提升劳动力移民技能，不断增强城市社会产业结构，提高农村后备劳动力文化素质，系统开发农村实训职业技能，规范职业教育，让他们掌握一定的工农业生产技术或服务业技能，提高他们的就业竞争力。其次，要努力改革社会保障、医疗保险、教育、就业等制度，打破城乡户籍管理制度，采取统一的户籍管理办法，鼓励农民入城、购房，并与城市居民一起享受就业、住房和教育同样的待遇。最后，政府必须通过制度合理安排农民工进入城市的途径，维护合法权益，积极规范企业与劳动力移民的关系，合理保护低技能、低技术劳动力移民群体的就业机会，不断完善劳动力移民到广州城市的工作调整。

对于非裔移民群体，政府应加强对非裔移民群体的管理，根据外籍移民的现状提供必要的服务，依靠服务实施移民管理。首先，通过各种政府服务网络，努力使非裔移民群体适应中国的工作和生活，避免非裔移民建立的非正式网络带来的管理风险。其次，对于非裔移民的生活社区，有必要改革原有的管理模式，建立多元化、可连接的社区网络，满足非裔移民必要的服务需求，打造广州有序的非裔移民群体，将其组织融入整体社区网络，确保社区网络的效率，打破广州非裔移民群体的封闭式自组织。① 此外，在对非裔移民的管理中，非常容易引发非裔移民群体参与的公共安全管理事件。因此有必要认识到民间社会组织是政府与市场之间的第三个部门，可以弥补政府和市场的双重问题，可以做政府想做却做不到的事情，也可以做被市场视为无利可图不愿做的事。这需要政府和社会通过建立民间社会组织来解决一些非裔移民群体的矛盾。

对于智力型移民群体，首先，政府应以人才引进政策和合理的人员流动为指导，消除人才流动的政策障碍，大力吸引知识型高级人才，提高广州移民群体人才比例，将人才发展战略与经济转型发展结合在一起。同时，关注移民社会福利、社会保障和当地居民的差异，为智力型移民群体争取权益，促进当地居民和移民群体之间的相互了解和沟通，有助于化解文化差异导致的误解和偏见，增进相互信任和尊重，帮助建

---

① 叔翼健. 媒体文化与城市新移民地域文化认同的建构——以广州为例 [J]. 新闻研究导刊, 2018, 9 (1): 11-14, 16.

立积极的移民形象；关注智力型移民的情感需求、文化融合和心理融合，突出他们在城市中的主导地位，支持他们参与城市发展。其次，应采用创新机制改善环境，确保高层次人才进入和留住，适应广州的人才趋势。改善广州智力型移民人才发展环境的创新工作机制是高层次人才的重要前提。① 最后，可以借鉴国外的开放就业观念，以全球视角对待智力型移民群体，学习其他大城市的开放精神，开放是市场经济的基本特征和必然要求。只有开放才能吸引投资和人才，汇集、优化和整合各方资源，促进广州城市的良性发展，促进各行各业的人才流动，建立和完善广州智力型移民群体落户和政策系统。

经过 40 多年的改革开放和市场转型，广州新移民群体的社会融合不断得到进步和完善。在这种背景下，政府、市场和社会必须密切合作，打破重重障碍，促进城市、社会公平正义，构建和谐的广州新移民群体。同时利用政府规划、社会建设等手段，促进地方认同和文化认同，达成共识和相互参与，促进社会互动，实现广州新移民群体和谐发展。

二、深圳移民新生代价值观认同现状

经过 40 多年的改革开放，深圳建立起一座新兴的移民城市。生活在这座色彩缤纷的城市的新一代移民正在考虑什么，未来想做些什么，是我们研究和关注的焦点。本次研究所涉及的移民是指离开原来居住地迁移到别的地区或城市居住的流动人口。② 移民新生代是指在移民地区

---

① 周大鸣 . 城市新移民问题及其对策研究 ［M］. 北京：经济科学出版社，2014：10.
② 刘志山 . 移民文化及其伦理价值 ［M］. 北京：商务印书馆，2010：7.

出生或长大的新一代移民。在研究中我们采用抽样调查的方法，选取了6所深圳的学校抽取了20个班，投入调查问卷1000份，得到有效调查问卷926份。样本的基本情况是：男、女生分别占55.8%、44.2%；初中一、二、三年级分别占15.3%、14.2%、13.5%；高中一、二、三年级分别占23.5%、21.2%、12.3%。受访者的年龄介于11至19岁，其中57%为15至18岁。本次调查的目的：收集深圳新一代移民的思想信息，分析他们的性别差异和年级差异，总结新一代移民的价值观念和形成原因。

（一）深圳移民新生代所形成的价值观念

本研究总结出了新一代移民的价值观念。

1. 最认同的品质：乐观、进取、自信

深圳是一个国际化的新兴移民城市。根据之前的理解，我们列出了12个品质，即乐观、进步、自信、善良、宽容、正直、守法、自尊、坚毅、耐心、谦虚和俭朴，并要求受访者选择三种最认可的品质。调查结果，乐观、进取和自信排在前三位，表明新一代移民具有强烈的现代意识。

当代中国正处于转型的新时代，人们正面临着越来越大的工作和生活压力。深圳是中国改革开放的窗口。没有乐观开放的态度、坚定的信心和进取的精神，就不可能取得伟大的成就。值得注意的是，谦虚和俭朴是被新一代移民排在最后的。在计划经济时代，一切按部就班，且物资相对匮乏，谦虚和俭朴成为一种潮流和美德。但市场经济时代，敢于展示自己和追求时尚得到越来越多年轻人的认可。因此，新一代移民对谦虚和俭朴的冷落可以理解。

作为中国传统美德的俭朴，为何受到新一代移民的冷落呢？造成这种情况的根本原因是深圳经济特区的快速发展和人民生活水平的提高，媒体和广告灌输所谓的消费意识是直接原因。总之，是大众消费时代的影响所致。目前，许多移民的概念是相当"新"的，并且认为俭朴不利于社会消费，因此认为"孔融让梨"的时代一去不复返了。事实上，现在我们仍然需要节俭。在环境退化和资源短缺的当代中国，人们仍需将节俭当作传统美德。总之，节俭在生活水平提高的移民城市并没有过时，需要大力推广，并使之成为新一代移民的日常行为准则。

2. 最需要的东西：健康、家庭、知识

在日常生活中我们都能感觉到金钱的重要性。但是，对人生价值的追求是多种多样的。移民新生代对这一问题的回答给予我们许多启示。在设置的问卷中，我们提供了六个选项，即健康、家庭、知识、奉献、金钱和地位，要求受访者选择他们认为最需要的三个项目进行排序和评分。第一、二、三个选项分别为 5、3、1 分。结果排在前三位的分别是：健康、家庭和知识，而金钱被排在了第四位。

健康排在第一位，是可想而知的。因为没有健康做前提，其他的任何价值都可能归零。但除了健康的自我因素，新一代移民最喜欢的选项是家庭，这超出了我们的预期。也许受到传统的爱情和家庭观念的影响，中国人一直重视家庭，喜欢四世同堂的家庭乐趣。但这只是一方面原因，另一方面原因是即便在国际化的移民大都市，家庭的功能仍然十分强大，它不仅具有生育能力、消费和情感满足感，还具有教育和安全功能，对于尚未成年和成熟的新一代移民来说尤为重要。

调查结果还显示，男生和女生对健康、家庭、知识、奉献、金钱和地位六个选项的排序结果虽然相同，但每个项目的得分大不相同。对于奉献、金钱和地位，男生打分高于女生，对于健康、知识和家庭，女生打分高于男生，这表明男孩比女孩更追求奉献、金钱和地位。

另外，从年级来看，初中一年级、二年级和高中一年级、二年级的移民新生代对健康、家庭、知识、奉献、金钱和地位六个选项都有选择，但初中三年级和高中三年级的移民新生代绝大多数只选择了健康、家庭和知识。这应该是中学毕业班同学想法和心态的反映。对于新一代移民毕业班同学，最大的压力就是升学。能缓冲和对抗这种压力的因素除了健康的身体外，恐怕就是家庭的支持和帮助了。因此高中三年级学生最需要家庭、最依赖家庭是可以理解的。

3. 交友的态度：以诚相待

个人是社会中的个体。在社交生活中，除了家庭关系、师生关系还有朋友关系。"孟母三迁""近朱者赤，近墨者黑"的陈述告诉我们结交朋友的重要性和选择性。那么移民新生代的交友态度如何？择友的标准是什么呢？

调查结果表明，70.8%的同学选择了"以诚相待"，把它作为交友最重要的标准，其次分别是：相互尊重11.9%，互相帮助10.7%，义气为重4.1%，其他2.5%。这表明新一代移民的交友态度是谨慎和温和的。

此外，调查还显示，新一代不同性别和年级的移民的交友态度存在显著差异。一方面，性别对朋友的态度有明显影响，女孩更注重诚实，高出男孩10个百分点，而男孩则更重忠诚，更加注重朋友之间的互助，这可能反映了男女学生之间的某种性格差异。另一方面，不同年级的交友态度是完全不同的。选择"以诚信待人"的高中阶段的移民新生代比例超过62%。相比之下，初中阶段的移民新生代选择"义气为重"

的更多，尤其是初中一年级学生的比例最高，占整个初中阶段学生的19.4%。由此可见，随着年龄和年级的增长，移民新生代在交友态度上日趋成熟和理性。

4. 学习的目的：完善自我

学习目的是人生价值的体现。作为经济特区的深圳，移民城市的收入水平和富裕程度正在赶超世界发达国家和地区。① 那他们的学习目的究竟是什么呢？群体之间是否有差异？为此，我们设计了五个学习目的选项，调查统计结果是：A. 完善自我，占41.7%；B. 出人头地，占25.1%；C. 奉献社会，占21.3%；D. 谋生手段，占6.2%；E. 报答父母，占5.7%。这五个选项可以概括为两种价值倾向，即个人价值取向（A、B、D）和社会价值取向（C、E）。显然，在学习目的方面，新一代移民选择个人价值取向的多于选择社会价值取向。

同时，调查结果还显示，移民新生代的性别和年级对学习目的有显著的影响。首先，不同性别在学习目的选项上的差异明显。女孩选择"奉献社会"和"报答父母"比男孩多，而男孩比女孩更希望"出人头地"。可见，女孩的学习目的更多地偏向于社会价值取向，相反男孩更倾向于个人价值取向。这表明，在目前的中国，特别是在相对发达的深圳经济特区，女孩和男孩同样受到父母的高度期望。在学习目的方面，虽然男性想要成功的愿望很强，但同时女生的社会价值取向也很明显。

其次，不同年级的学习目的存在差异。从低年级到高年级选择"奉献社会"的比例逐渐下降，初中一年级的比例最高，达到41%，高

---

① 深圳市统计局. 深圳2017年国民经济和社会发展统计公报［EB/OL］. 深圳市统计局网站，2018-04-17.

中三年级选择"奉献社会"的比例最低，只有6%。与此截然相反的是，从初中到高中，随着年级的上升，选择"出人头地"为学习目的的比例不断扩大，到高中三年级选择"出人头地"的达到43%。可见，初中阶段移民新生代的学习目的较倾向于社会价值，高中阶段的移民新生代更倾向于个人价值。这说明高年级的孩子表现出更强的自我意识和主体性，希望拓展自我发展的空间，取得骄人的成就和业绩，并得到社会的认可。

5. 成才的愿望：德才兼备

成才愿望与学习目的紧密相关，学习是为了成才，成才是为了实现人生价值。可以看出，成功的欲望和学习的目的是人生价值的具体表现。为了理解新一代移民的愿望，我们设计了两个问题：一个是"你最崇拜或最欣赏的人是谁"，另一个是"你最希望成为什么样的人"。希望通过对这两个问题的回答，探寻新一代移民的人才品质观。

第一个问题，"谁是你最崇拜或最欣赏的人？"受访者可以自由填写。结果排名第一的是周恩来，其次是比尔·盖茨。在政治家中，周恩来和邓小平最受欢迎；在企业家中，比尔·盖茨和李嘉诚最受青睐；在科学家中，爱因斯坦、居里夫人和爱迪生排名前三；在作家中，鲁迅得票最高。周恩来得票第一，说明移民新生代崇拜和欣赏的不仅是成就和能力，更看重德才兼备。

根据调查结果，在政治家、企业家、科学家和作家的类别中，新一代移民更崇拜或欣赏政治家，所占比例是21.5%，其他类别所占比例分别是企业家16.3%、科学家14.2%、作家12.5%、父母10.6%、英雄8.4%、电影明星3.5%、体育明星2.7%、艺术家1.8%、老师1.5%、其他7.0%。这一调查结果说明，在移民新生代眼中，政治家、企业家、科学家更有利于实现和彰显个体的人生价值。

（二）深圳移民新生代价值观念的差异

调查结果表明，在崇拜和欣赏的各种对象中，不同性别之间存在显著差异。欣赏政治家、作家、父母和教师的女孩比例明显高于男孩，而欣赏企业家、科学家、英雄和明星的男孩比例明显高于女孩。这说明女生受政治家和作家的影响较大，希望通过从政和写作来实现人生价值；男孩更希望通过经营企业和进行科学研究实现人生价值。

第二个问题所调查的是新一代移民想成为一个什么样的人。调查结果显示，选择致富的人占16.4%，选择有能力的人占18.3%，选择有智慧的人占15.2%，选择有知识的人占12.5%，选择身体健康的人占9.6%，选择有钱的人占7.8%，选择道德高尚的人占5.2%，选择人格健全的人占3.1%，选择有权的人占1.9%，选择其他的人占10%。显然，新一代移民最渴望成为一个有成就的人，并得到社会的认可。

调查还显示，不同性别的新一代移民的成才愿望有显著差异。想要致富和有权的男孩比例明显高于女孩，而女孩比男孩更希望有能力和知识。这再次证实了前面提到过的男孩更注重金钱和地位的结论。

此外，不同年级成才愿望的选择也存在一定的差异。低年级的新一代移民更想成为有知识、有道德的德才兼备的人；高年级和毕业班的新一代移民更渴望成为有钱的人和有权的人。这反映出随着年级的提高，新一代移民的职业价值观具有很强的实用倾向。

（三）深圳移民新生代价值认同的原因分析

通过这次调查，我们获得了深圳新一代移民价值观方面的详细的第一手材料。在性别差异方面，男孩对金钱、权力、声誉和地位的追求更加强烈，他们对忠诚和互助的态度更为看重，对于学习目的更看重自我价值，更钦佩企业家、科学家、英雄和明星；女孩更希望成为健康、知识渊博、能干的人，并且更渴望诚实地对待彼此，在学习目的中更加强调社会价值，对政治家、作家、教师和父母更加钦佩。在年级差异方面，低年级新一代移民更看重朋友的忠诚，他们希望成为德才兼备的人；高年级新一代移民更注重诚实，希望成为具有更强独立性和自主意识的健康有能力的人。

上述性别差异和年级差异不是自然形成的，而是价值引导和社会化的结果。一方面，虽然现代社会主张男女平等，但我们对不同性别孩子的期望是有差异的。勇敢、坚强和负责任不仅是社会对男性的角色期望，也是男性本身的价值认同。另一方面，低年级处于社会化的初级阶段，受学校和家庭的影响大；高年级处于社会化的较高阶段，受社会和媒体的影响大。社会上的一些不健康现象常常抵消了学校积极教育的影响，这实际上对新一代移民的思想政治教育构成了严峻挑战。

最后，从调查中我们发现，新一代移民具有明显的道德宽容意识，这应该是深圳改革开放和社会进步的表现。从他们对学习目标、金钱、健康等问题的看法，我们也可以发现，新一代移民具有强烈的时代感、个性和自主性。同时，新一代移民的道德淡化和对是非的模糊性远远超出了我们的预期，这让我们深感忧虑，似乎仅靠学校的价值观教育是不够的。不可否认的是，网络信息时代的多元化思潮在一定程度上影响了新一代移民的价值观。消除价值危机，重塑新一代移民的价值理想，需要全社会的共同努力。

后 记

当前，人口迁移已经成为全球范围内广泛存在的现象。在这种情况下，立足于我国移民与社会发展的现实情况，探讨移民文化的特征及其作用、移民的认同问题就十分必要。移民文化是随着移民而衍生的一种文化类型。自其产生之后，移民文化就不再单纯地附着于移民群体，还以文化的形式发挥作用，影响着移民、移入地的发展以及移民认同等多个方面。以此为探讨移民文化与移民认同的出发点，有助于人们更为全面地分析移民的相关议题。这也是本书的主要目的所在。

在具体的探究过程中，本书沿着"移民文化—移民文化与城市发展—移民的文化认同—移民的社会与心理认同—移民的价值与身份认同"由浅入深、由面到点、由外在到内在的基本逻辑，主要结合北京、上海、广州、深圳这些超大城市移民的实际情况，对移民文化的内涵、移民文化的作用、移民认同的多个层面以及增强移民认同的行动方案进行了讨论，构建了一种系统且本土化的分析框架。这也是本书的特色所在。

本书由深圳大学移民文化研究所刘志山教授和孔祥渊副教授确定全

书结构，负责全书的统稿、定稿工作。本书是集体智慧的结晶，各章节的具体分工如下：第一章，刘志山、张革华、邓妍、边文娟、李燕燕、周锦霞；第二章，孔祥渊、邓妍、连兴槟、李乃涛、李小月、李燕燕、陆燕铭；第三章，胡跃娜、陈武林、孔祥渊、唐咏、兰美荣，第四章，刘志山、李燕燕、周锦霞。在此，谨向各位作者的辛劳付出表示衷心感谢。

由于作者学术水平所限，书中难免有不妥之处，敬请广大读者和同行专家批评指正。

编者

2023 年 9 月